MÉMOIRE

SUR

L'EXPLOITATION DE LA HOUILLE

DANS LE BASSIN DE COMMENTRY

(ALLIER).

PARIS. — IMPRIMÉ PAR E. THUNOT ET Ce.
Rue Racine, 26, près de l'Odéon

MÉMOIRE

SUR

L'EXPLOITATION DE LA HOUILLE

DANS LE

BASSIN DE COMMENTRY

(ALLIER).

PAR M. TURBERT,

INGÉNIEUR CIVIL DES MINES.

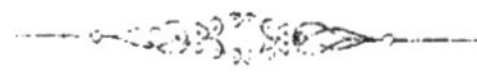

PARIS.

CARILIAN-GOEURY ET V^{or} DALMONT, ÉDITEURS,

LIBRAIRES DES CORPS IMPÉRIAUX DES PONTS ET CHAUSSÉES ET DES MINES,

QUAI DES AUGUSTINS, 49.

1853

MÉMOIRE

SUR

L'EXPLOITATION DE LA HOUILLE

DANS LE

BASSIN HOUILLER DE COMMENTRY (ALLIER).

La plupart des couches de houille puissantes actuellement exploitées en France ont été mal attaquées dès le principe. Le mode d'exploitation adopté presque partout consistait à ouvrir, de haut en bas, des étages successifs, plus ou moins espacés, suivant la dureté du charbon, et à découper la masse, au niveau de chaque étage, par des galeries dirigées, les unes dans la direction de la couche ou à peu près, les autres du mur au toit. Introduction.

Après le tracé de ces galeries, il restait pour soutenir la masse supérieure, une série de piliers de grandeur variable, mais la plupart du temps assez faibles, car on avait toujours en vue d'enlever par chaque étage, le plus de houille possible. Ces différents étages une fois exploités étaient abandonnés à eux-mêmes, ou remblayés avec des matériaux informes, le plus souvent de la terre. Dans le premier cas, les piliers s'amincissant à la longue de plus en plus, par suite de la charge qu'ils avaient à supporter et de l'action de l'air ambiant, on les soutenait par des boisages : mais on sent qu'un tel moyen de soutènement ne faisait que retarder leur chute : tôt ou tard il se produisait donc de vastes *écrasés* capables d'amener la ruine de plusieurs étages : de là, formation de menus qui au bout de quelques mois s'échauffaient, et occasionnaient des incendies spontanés fort difficiles à éteindre : il ne restait plus qu'à cerner par des barrages très-épais la partie de la mine incendiée, et toute la houille laissée en stots ou piliers dans les étages éboulés devenait la proie du feu. En outre, comme ces feux souterrains ne s'éteignent guère, on se trouvait avoir au-dessus des travaux en cours d'exploitation, un ennemi infatigable, qui tôt ou tard finissait par les envahir, si toutefois on ne pouvait l'extirper par des travaux à ciel ouvert; et malheureusement, dans la plupart des mines, un tel moyen était le plus souvent impraticable.

Dans le deuxième cas, les piliers de charbon mis à l'abri du contact de l'air, et maintenus par les remblais remplissant les galeries tracées, ne s'amincissaient plus, et l'on n'avait plus à craindre les écrasés des étages supérieurs et les incendies qui en étaient la conséquence; mais on perdait une masse énorme de houille qu'on ne pouvait songer à enlever ensuite que par des travaux à ciel ouvert : or ce mode d'exploitation ne peut s'appliquer qu'aux mines peu profondes et de très-grande puissance.

Dans les deux cas, pour peu que l'exploitation fût active, on atteignait assez rapidement de grandes profondeurs ; il fallait souvent déplacer les puits d'extraction, et par suite les machines, les appareils d'extraction, les embarcadères et les chemins de fer desservant chaque puits : or ces déplacements sont toujours onéreux et une cause d'embarras de toute nature dans un établissement. Il faut ajouter que ce système vicieux, en gaspillant les gîtes houillers, portait une grave atteinte à la richesse nationale.

Ce mode d'exploitation a été suivi à Commentry pendant fort longtemps; là comme partout où il a été appliqué, il a occasionné des éboulements suivis d'incendies violents. On y gardera longtemps le souvenir des incendies de 1840 et 1842.

En noyant complétement la mine et faisant à la hâte d'immenses déblais, on est parvenu à arracher le feu sur une grande surface; malheureusement il sévit encore dans plusieurs étages non découverts et sur une grande étendue. On le maintient par des barrages très-épais; mais peu à peu il avance dans toutes les directions. On sera heureux si l'on parvient à l'empêcher de gagner les étages inférieurs et à l'enlever par découverts.

Depuis longtemps MM. les ingénieurs des mines conseillaient à l'administration de Commentry un autre mode d'exploitation plus rationnel; je veux parler de la méthode par remblais rapportés et complets.

L'administration en comprenait bien la nécessité et l'importance, mais il fallait trouver un moyen facile et peu coûteux d'introduire chaque jour dans les travaux souterrains une masse énorme de remblais; cette condition devait amener des changements radicaux dans l'abatage de la houille, la manutention de la houille et des remblais, et modifier profondément le système général de l'exploitation.

C'est ce nouveau système, en cours d'exécution depuis plusieurs années et qui promet pour l'avenir les plus heureux résultats, que je me propose d'exposer avec détails.

Avant d'entrer en matière, jetons d'abord un coup d'œil sur le bassin houiller de Commentry. Bassin houiller de Commentry.

La carte géologique qui accompagne ce mémoire (voyez Pl. I) est extraite de la Statistique géologique et minéralurgique du département de l'Allier, publiée en 1844 par M. Boulanger, ingénieur des mines. A l'inspection de cette carte, on voit de suite que le bassin houiller de Commentry est enclavé dans une dépression des terrains anciens qui l'environnent et le terminent nettement de toutes parts. Une grande partie du terrain houiller est recouvert par des terrains modernes, rapportés par M. Boulanger aux tertiaires : en quelques points, notamment près le château des Ferrières, aux environs de Cerclier, à l'un des angles de cette concession ; près de Champ-Fromenteau et du château de Saint-Front, dans la concession de Commentry, une roche éruptive, la dioritine, s'est fait jour à travers les terrains houillers et tertiaires et s'est épanchée à la surface. Ce bassin houiller s'étend du sud-est au nord-ouest ; sa plus grande longueur est de deux lieues et demie environ ; sa largeur moyenne est d'une lieue. Il est traversé dans sa longueur par le chemin de fer de Commentry à Montluçon. Par sa proximité du canal du Cher, la création d'usines considérables à Commentry et à Montluçon, la richesse des gîtes et la qualité des houilles qu'il renferme, il occupe le premier rang parmi les bassins houillers du département de l'Allier.

Concession des Ferrières.

Quatre concessions y ont été instituées (1). L'étendue superficielle de la concession des Ferrières est de 3 kilomètres quarrés, 69 hectares. Elle ne renferme qu'une seule couche reconnue par deux puits foncés près le château des Ferrières; les affleurements avaient déjà, vers la fin du dernier siècle, fourni une faible quantité de charbon. En 1838, des travaux assez importants ont fait reconnaître que l'épaisseur de cette couche variait entre

(1) Les détails qui suivent sont extraits de l'ouvrage de M. Boulanger.

8 et 14 mètres; elle plonge vers l'est. La dioritine que l'on observe à la surface a été rencontrée dans la profondeur; elle a fracturé et bouleversé cette couche. On évalue le bloc de houille reconnu par les travaux de recherches à 400.000 hectol. Les concessionnaires n'ont donné aucune suite à cette découverte; et cependant, si à une certaine distance de l'affleurement dioritique, soit en direction, soit en aval pendage, la couche se réglait, comme cette concession est la plus voisine de Montluçon et qu'elle est traversée par le chemin de fer de Commentry, elle pourrait acquérir une grande valeur. La houille de Ferrières est assez dure, moins brillante que celle de Commentry : elle brûle avec flamme, puis se transforme en coke métalloïde blanc peu ou point boursouflé; elle laisse après la combustion un résidu gris assez abondant. Sa densité est de 1,31.

L'hectolitre pèse environ 80 kilogrammes; l'analyse immédiate a donné les résultats suivants :

Coke.	Cendres	9,90
	Charbon	50,60
Produits volatils		39,50
	Total	100,00

Le pouvoir calorique de cette houille est de 0,700.

Son étendue superficielle est de 3 kilomètres quarrés, 58 hectares. Elle ne renferme qu'une seule couche de $1^m,50$ de puissance et plongeant vers le sud; elle a été reconnue près du domaine de Menat, à quelque distance des terrains anciens. Cette couche renferme dans sa partie moyenne un lit de schiste qui réduit souvent à $0^m,50$, et même moins, l'épaisseur de la houille qui ne dépasse jamais un mètre. Le triage de ces schistes étant difficile, la houille fournie par cette couche est toujours impure et de qualité inférieure. Cette concession demeurera stérile jusqu'à ce que de nouvelles recherches Concession des Biolles.

y fassent découvrir d'autres couches plus puissantes, et un combustible de meilleure qualité.

La densité de la houille des Biolles est de 1,35.

Voici sa composition :

Coke.	Cendres rougeâtres. . .	15,40
	Charbon.	49,80
Matières volatiles.		34,80
	Total.	100,00

Son pouvoir calorifique est de 0,670.

Concession du Marais. Son étendue superficielle est de 2 kilomètres quarrés, 97 hectares.

On ne connaît au Marais qu'une seule couche de houille de nature anthraciteuse dont la découverte date du 19 janvier 1840. Le puits de recherche, après avoir traversé sur 20 mètres le dépôt tertiaire, a atteint le terrain houiller et, à la profondeur de 100 mètres, la couche de combustible. Son allure est assez irrégulière ; elle est très-inclinée et parfois verticale, quelquefois interrompue par des étranglements ou des dérangements ; sa direction est à peu près du nord au sud. L'épaisseur moyenne de cette couche, qui en certains points est de 8 mètres, n'est en moyenne que de 3 à 4.

Par la nature de ses produits, comme par sa position à peu de distance des bords du bassin houiller, elle se rattache vraisemblablement à la couche d'anthracite des Reynauds dans la concession de Commentry.

Cette anthracite est d'un noir tirant sur le gris et sa poussière est noire, son éclat semi-métallique, sa cassure vitreuse et conchoïde; en général elle est homogène et les fragments sont à bords aigus et tranchants. Elle brûle lentement, en dégageant d'abord une légère flamme bleuâtre et le plus souvent une forte odeur sulfureuse. Sa densité est de 1,38 et le poids de l'hectolitre est de 90 kilogrammes.

Sa composition est la suivante :

Coke. .	Cendre légèrement rougeâtre. . . .	4,60
	Charbon.	83,80
Matières volatiles.		11,60
	Total.	100,00

Le coke produit par la distillation est entièrement pulvérulent. Son pouvoir calorifique est de 0,930, celui du carbone pur étant représenté par l'unité.

L'exploitation dans la mine du Marais est desservie par deux puits, dont l'un, garni d'échelles, sert pour la descente des ouvriers, l'autre, muni d'une machine à vapeur, pour l'épuisement des eaux et l'extraction de l'anthracite. Construit sur d'assez petites dimensions, ce puits, suffisant pour des travaux de recherches, est tout à fait incapable de subvenir aux besoins d'une exploitation un peu importante; on n'y peut faire circuler qu'une seule benne, l'extraction des matières ne s'exécute par conséquent qu'avec beaucoup de perte de temps et des frais plus considérables. Exploitation.

Jusqu'à présent les débouchés de cette mine ont été assez restreints et les travaux intérieurs ont été bornés à la confection d'un petit nombre de galeries de direction dont une principale pour le roulage, et de quelques remontes destinées à réunir les divers étages. La poussée des terres est considérable dans cette mine et les galeries, pour être maintenues, exigent un boisage soigné et dispendieux.

Usage de cette anthracite.

L'anthracite du Marais n'a pu être encore employé que pour la cuisson de la chaux; mais dans ce travail elle donne des résultats très-satisfaisants. On estime que 7 parties d'anthracite cuisent la même quantité de chaux que 11 de houille menue de Commentry.

Partie non concédée

Entre les concessions des Ferrières et des Biolles il existe un lambeau de terrain houiller non concédé ; mais des recherches faites en 1834 sur un affleurement charbonneux que l'on observe à la jonction des chemins de Malicorne à Pionsat et de Commentry à Colombier n'ont fait reconnaître qu'une seule couche de $0^m,20$ d'épaisseur, de nature anthraciteuse et impure ; d'ailleurs ce lambeau de terrain houiller a si peu d'étendue qu'il faudrait y rencontrer une masse de houille très-puissante pour y établir une exploitation profitable.

Concession de Commentry

Sa surface est de 20 kilomètres carrés 88 hectares. Elle comprend toute la commune de Commentry. Quoique pyriteuse, la houille de la principale couche de cette concession est généralement pure et de bonne qualité ; la cassure est conchoïde et extrêmement brillante, sa poussière est d'un noir brun foncé. Cette houille brûle avec une flamme vive et fuligineuse, et par ses caractères extérieurs se rapproche du cannel-coal du Lancashire, mais elle est plus dure et plus brillante. Sa densité est de 1,319. L'hectolitre ne pèse que 78 kilogrammes.

L'analyse immédiate a donné les résultats suivants :

Coke. . . .	Cendres.	2,00
	Charbon.	58,80
Produits volatils.		39,20
	Total.	100

Le pouvoir calorifique de cette houille est de 0,825. Elle appartient à la classe des houilles sèches à longue flamme ; elle est fort recherchée pour les grilles et le chauffage, et peut être considérée comme de première qualité pour la fabrication du gaz d'éclairage.

Cette houille donne un coke métalloïde d'un gris presque blanc et très-brillant et qui est seulement fritté.

En grand, ce coke forme des masses radiées qui se séparent en prismes aigus très-friables.

Les détails qui précèdent, bien qu'ils datent de 1844, s'appliquent encore en tous points aux concessions des Ferrières, des Biolles et du Marais; en effet, les travaux de recherches ou d'exploitation exécutés dans ces trois concessions depuis cette époque ont été presque nuls. Il n'en est pas de même dans celle de Commentry; nous allons donc compléter les indications de M. Boulanger par de nouveaux détails sur la puissance et les allures des gîtes de cette dernière concession.

Dans la partie nord, près du domaine des Reynauds, il existe une couche d'anthracite identique avec celle du Marais; sa puissance varie de 6 à 8 mètres. Ce gîte a été peu exploité; les travaux y sont suspendus depuis plusieurs années.

En marchant vers le sud on rencontre d'abord une couche mince de 1 mètre d'épaisseur environ séparée de la grande par quelques mètres de schiste houiller; puis la grande couche dont la puissance est très-variable (Pl. II, *fig.* 16).

La carte géologique jointe à ce mémoire et la Pl. II donnent une coupe horizontale de cette couche, passant à 62 mètres environ au-dessous de la bouche du puits de l'Union. Les lignes rouges et noires indiquent le toit et le mur. Vers l'ouest, sa puissance n'est guère que de $1^{m},50$ à 2 mètres, son allure est peu régulière et la qualité du charbon médiocre; en marchant vers l'est, avant d'atteindre le puits Saint-Antoine, elle se renfle tout à coup et sa puissance à la hauteur de ce puits va jusqu'à 25 mètres comptés verticalement. Un peu plus loin, entre l'Union et Saint-Antoine, le mur et le toit se rapprochent et forment un étranglement considérable; puis ils s'écartent, et à la hauteur du puits de l'Union elle reprend la puissance qu'elle avait à Saint-Antoine. En continuant de marcher vers l'est, sa puissance diminue peu à peu ; un peu au delà du puits Saint-Edmond, le mur et le toit ont éprouvé des atteintes de la dioritine en A, B, C ; par suite ils ont pénétré tous deux et de concert avec la roche éruptive dans la masse charbonneuse, mais sans qu'il y ait eu interruption complète de la houille. Ce dernier fait s'est présenté dans deux des étages supérieurs : au delà des points que nous venons de signaler, le toit et le mur se poursuivent avec une régularité parfaite ; mais toujours en se rapprochant insensiblement l'un de l'autre. Vers l'extrémité Est deux nerfs ou bancs de grès et schiste se forment dans la masse charbonneuse et l'accompagnent en stratifications concordantes, tout en permettant l'ouverture de trois galeries d'allongement en plein charbon. Dans cette région, la couche présente encore 7 à 8 mètres de houille exploitable ; à l'extrémité Est, la petite couche comprise entre le toit et le gros nerf qui l'avoisine, disparaît presque entièrement, et il reste encore deux couches séparées par le nerf du mur, soit 4 à 5 mètres de houille exploitable. La couche tourne assez brusquement vers la droite, et paraît devoir se diriger vers Longeroux, où il existe d'ailleurs des affleurements de charbon.

A ce niveau de 62 mètres, la grande couche est reconnue et exploitée sur une longueur de 2.200 mètres, et les travaux de recherche et d'exploitation se poursuivent toujours vers l'est ; des sondages exécutés au delà de la rivière de la Banne et qui tous ont rencontré la houille font espérer que les travaux pourront s'étendre jusqu'à la hauteur de la Croix-Torche, ce qui donnerait un développement de 2.500 mètres. Là elle viendra sans doute se perdre sur les granites qui terminent le terrain houiller et apparaissent un peu plus loin à la surface.

Sur toute cette longueur, la houille est de bonne qualité, excepté, comme nous l'avons dit plus haut, dans la partie ouest, où elle n'a que $1^m,50$ à 2 mètres de puissance; il faut aussi excepter les quelques points affectés par la dioritine.

Sur toute cette longueur, l'inclinaison de la couche varie depuis 10 degrés jusqu'à 55 environ; ce sont les masses de Saint-Antoine et de l'Union qui présentent la plus faible pente; c'est à peu près sur la ligne qui unit les affleurements dioritiques de Champ-Fromenteau et du château de Saint-Front, c'est-à-dire en D, que l'on remarque l'inclinaison de 55°: au delà et en deçà de cette ligne, l'inclinaison est plus faible et va toujours en diminuant, soit que l'on s'avance vers l'est ou vers l'ouest. Le pendage est variable; un fait remarquable, c'est que l'inclinaison diminue à mesure que la profondeur augmente. Ceci porterait à croire que la couche se relève vers le sud dans la profondeur et forme une espèce de cul-de-lampe.

Elle affleure presque partout: les énormes renflements de l'Union et de Saint-Antoine, l'étranglement considérable qui existe entre ces deux puits, au moins dans les étages supérieurs, la réduction presque instantanée d'une puissance de 23 mètres à celle de 2 mètres à l'ouest du puits Saint-Antoine attestent un soulèvement énergique du mur de la couche; au delà de ce soulèvement peut-être existe-t-il d'autres renflements suivis d'une partie réglée comme vers l'est. C'est ce que l'avenir apprendra, si toutefois la compagnie de Commentry se détermine à rechercher le prolongement de cette couche. Ceci est probable, car l'extrémité Ouest des travaux est fort loin encore des limites de la concession, et la compagnie n'a pas à craindre d'éclairer ses voisins en s'éclairant elle-même. Au delà de ces limites il ne serait pas impossible que l'on trouvât des massifs de charbon, soit au nord, dans la concession des Biolles, soit au sud dans la concession du Marais, faisant suite à cette couche et se rattachant au gîte des Ferrières.

En cas de succès, les moyens de transport seraient faciles à créer, puisque le chemin de fer de Commentry passe précisément aux environs des points de contact des trois concessions des Biolles, du Marais et des Ferrières.

Les allures de cette grande couche, sa puissance, la qualité de son charbon, en font une des plus belles de France. En avançant vers le sud, on rencontre aux Bryats deux petites couches de houille de 1 mètre à $1^{m},50$ de puissance; cette houille est assez semblable à celle de la grande couche, cependant elle est parfois tellement dure qu'il faut l'exploiter à la poudre. Elles n'ont que peu d'importance, parce que leur allure est fort irrégulière; le toit et le mur se rapprochent fréquemment et assez pour faire disparaître complétement le charbon; on y a fait quelques travaux situés à une faible profondeur au-dessous de la surface, on tirait par des treuils à bras; mais l'irrégularité du gîte l'a fait abandonner complétement.

Enfin, au sud, aux environs de Champ-Fromenteau, on a constaté l'existence de plusieurs petites couches de houille analogues à celle reconnue vers le nord; mais ces recherches ayant lieu par des treuils à bras, on n'a pu vaincre les eaux : le voisinage du ruisseau de la Banne sera toujours un obstacle à l'exploitation de ces petites couches.

Il résulte de cet exposé que la concession de Commentry renferme au moins six couches de houille et une d'anthracite; une seule, la grande, est exploitée en ce moment, et sera seule pendant longtemps exploitable.

eu égard aux prix de vente des charbons. La couche d'anthracite est probablement exploitable dans les circonstances actuelles; mais la compagnie a préféré jusqu'à présent concentrer ses travaux sur la grande couche. Elle ne reprendra probablement les travaux des Reynauds que sur des demandes formelles d'anthracite et à des prix avantageux.

Dans cette concession, le terrain renfermant les couches de houille repose sur un poudingue à noyaux granitiques extrêmement dur; les schistes et grès houillers sont en général bien stratifiés et durs; les terrains tendres de la surface sont peu épais, les schistes ne deviennent tendres que dans le voisinage des couches, surtout aux approches des plis que forme le toit de la grande dans les renflements de l'Union et de Saint-Antoine. Ces conditions sont éminemment favorables à l'exploitation par remblais; car, ainsi qu'on le verra dans ce mémoire, il importe d'avoir à sa disposition des matériaux durs et de gros échantillons.

Ancien mode d'exploitation.

La découverte de la houille dans la concession de Commentry paraît remonter à la fin du XVIe siècle; l'exploitation a eu lieu pendant près de deux cents ans sur l'affleurement de la couche, sans aucune règle et par chaque propriétaire. Les extracteurs se servaient de treuils à bras ou de manéges à chevaux, enlevaient la houille par des travaux à ciel ouvert, en prenant la totalité du combustible : ou par travaux souterrains, en exploitant par étages successifs, en descendant, laissant dans chaque étage une série de piliers pour soutenir les plafonds, et sans remblayer.

« Ce mode d'exploitation s'est continué sous le ré-
» gime des concessions, et, en 1846, il était encore en
» pleine activité dans quatre étages superposés. Au-
» dessus du niveau supérieur se trouvait un étage aban-

» donné, mais non remblayé, et plus haut une série » d'étages exploités par les anciens et la plupart en feu. » A cette époque, on donnait aux galeries les dimen- » sions suivantes : hauteur, 2^m,30 ; largeur, 3 mètres. » Elles étaient légèrement cintrées afin de laisser plus » de force aux piliers ; ceux-ci n'avaient le plus souvent » que 3 mètres sur 3 mètres, ou tout au plus que » 4 mètres sur 4 mètres. Les plafonds ou massifs laissés » entre deux étages consécutifs avaient 5 mètres d'é- » paisseur environ.

» Ce système a toujours produit dès l'origine et plus » tard les effets que nous avons signalés précédemment. » A la longue, sous l'influence de la pression des pla- » fonds et de l'air humide, les piliers diminuaient de » volume ; on les étayait le mieux possible, mais tous » ces bois ne faisaient que retarder leur chute ; à la » suite des écrasés, il survenait des incendies spon- » tanés. A Commentry, les menus, surtout les menus » de failles ou étranglements sont très-pyriteux et telle- » ment inflammables, que, sous l'influence de l'air hu- » mide, il ne leur faut que deux ou trois mois pour » prendre feu. Une fois l'incendie déclaré sur un point, » on le limitait par une ceinture de barrages en grès » et à mortier de chaux, que l'on rechargeait au fur » et à mesure de leur échauffement. Exécutés en plein » charbon, le plus souvent entre deux piliers voisins, » le feu ne tardait pas à se faire jour soit par les côtés, » soit à la tête ou au pied des barrages. Il fallait donc » là un entretien journalier : c'était une source de dé- » penses en pure perte, car tandis que l'on cherchait à » arrêter le feu sur un point, d'autres piliers s'écra- » saient à leur tour, et de proche en proche les écrasés » ou l'incendie s'étendaient tellement que l'on était » obligé d'abandonner l'étage entier. Dès lors le feu

» se répandait sur des étendues considérables ; non-» seulement consumait tous les plafonds et piliers su-» périeurs, mais, ce qu'il y avait de plus grave, des-» cendait parfois dans les étages inférieurs, soit par » des bures d'air, soit même par de simples fissures » naturelles dans la masse charbonneuse.

» Par un calcul simple, il est facile de voir qu'en » donnant aux galeries ouvertes dans le charbon les » dimensions citées plus haut, 3 mètres seulement aux » piliers et 5 mètres d'épaisseur aux plafonds, on lais-» sait soit en plafonds, soit en piliers, les 4/5 du com-» bustible. Un pareil système devait donc amener la » ruine des parties supérieures exploitées et, de plus, » réduire considérablement la durée de l'exploita-» tion.

Remblais à piliers perdus.

» Dans cet état de choses, le premier travail à exé-» cuter était évidemment de remblayer, à piliers perdus, » tous les étages abandonnés et même les parties ma-» lades de ceux en exploitation. On ne pouvait songer » à établir un nouveau mode d'exploitation par remblais » complets et d'épilages qu'à une distance assez grande » des travaux envahis par le feu. Ces remblais pris » dans les tranchées à ciel ouvert, exécutés par les an-» ciens sur l'affleurement de la couche, furent descendus » par divers moyens, tels que plans inclinés automo-» teurs, descenderies inclinées à 45°, enfin les machines » d'extraction après les postes de charbon. Ce travail de » remblais a eu pour résultats :

» 1° De sauvegarder les plafonds et les piliers indéfi-» niment jusqu'à ce que l'on pût les enlever par décou-» verts, au moins sur une certaine longueur vers l'est ; » car en s'avançant de ce côté, comme la puissance de » la couche diminue, les terrains stériles à enlever vont » en augmentant d'épaisseur, et il arrive un moment où

» l'on ne peut espérer d'extraire le charbon à ciel ouvert » qu'après un temps très-long.

» 2° De faciliter la retenue du feu dans les étages su- » périeurs incendiés ; en effet, en maintenant debout » tous les étages inférieurs, on n'avait plus à s'occuper » que de la tête de la couche.

Des moyens de combattre le feu.

» Le moyen de combattre le feu reconnu le plus effi- » cace à Commentry consiste à construire les barrages » en grès non schisteux, c'est-à-dire aussi réfractaire » que possible, à mortier de chaux, et à les monter » jusqu'au toit de la couche dans les schistes ou grès » non combustibles. On les prolonge dans le sens hori- » zontal au delà des limites probables des parties incen- » diées ; rarement le feu passe sous les barrages. Dans » ce cas, on peut y amener un courant d'eau continu » qui l'empêche de progresser ; tandis qu'il passe faci- » lement par dessus, tant qu'il lui reste quelque peu de » charbon à brûler.

» Ce moyen peut arrêter le feu pendant un certain » temps, même fort long ; mais il est prouvé par l'ex- » périence qu'il progresse toujours. Un enlèvement com- » plet peut seul le détruire ; il faut y procéder par des » travaux souterrains ou à ciel ouvert. Ceux-ci exigent » en général beaucoup de temps ; ceux-là ne peuvent » s'exécuter que lorsqu'il s'agit d'incendies fort res- » treints.

» L'inondation, quand il s'agit de travaux aussi con- » sidérables que ceux de Commentry et déjà profonds, » ne doit être employée qu'à la dernière extrémité ; non- » seulement elle suspend pour longtemps toutes les opé- » rations commerciales, mais elle a l'inconvénient grave » d'abreuver tout le terrain houiller ; et plus tard, quand » on fonce de nouveaux puits sur le pendage de la cou- » che, on éprouve de grandes difficultés. En outre, l'i-

» nondation n'est efficace que si l'incendie provient d'é-
» crasés peu considérables et que l'on puisse relever
» rapidement; dans le cas contraire, les menus humides
» recommencent à s'échauffer et l'incendie reprend avec
» plus de violence qu'auparavant.

» On peut regarder les feux souterrains comme l'un
» des ennemis les plus dangereux des gîtes houillers,
» en ce sens qu'il est infatigable et que la plupart du
» temps on ne peut le détruire; la mine de Commentry
» en offre un exemple remarquable. »

Nouveau mode d'exploitation.

L'ancien système d'exploitation s'étend jusqu'au niveau de 62 mètres environ au-dessous de la surface. Tous les niveaux inférieurs sont exploités d'après le nouveau système; voici en quoi il consiste (Pl. II, *fig.* 1): Tous les 12 mètres à peu près on ouvre un étage, la galerie de roulage est établie sur le mur de la couche. Elle le suit dans toutes ses sinuosités, excepté lorsqu'il fait des crochets trop grands; dans ce cas on la mène en plein charbon et de manière à rejoindre le mur un peu plus loin. Cette galerie a $2^m,50$ de largeur en bas, $2^m,30$ en haut et $2^m,10$ de hauteur. Ces dimensions doivent exister en dedans des bois, lorsque les parois ont besoin d'être étayées. La pente adoptée est la plus faible possible, $0^m,005$ au plus en descendant vers le puits. Il suffit que les eaux puissent s'écouler; cela est indispensable, car si cette pente est favorable à la descente du charbon, elle est un obstacle à la remonte des remblais. A partir de la galerie de roulage on ouvre tous les 10 mètres une traverse formant à peu près avec elle un angle droit : toutes ces traverses sont parallèles entre elles, afin de conserver aux piliers une épaisseur à peu près constante. Elles ont $1^m,50$ de large et $2^m,30$ de hauteur; leur section en travers est rectangulaire; on les pousse jusqu'au toit de la couche. Dès que la galerie de roulage et ces traverses ont acquis un certain développement, le travail préparatoire de l'étage est terminé et l'exploitation véritable peut commencer. A l'extrémité de chaque traverse on ouvre à droite et à gauche, sous le toit, deux bouts de galerie d'allongement qui traversent les deux piliers voisins. Les dimensions de ces bouts de galerie sont variables suivant les allures du toit dans le voisinage. S'il est contourné, ce qu'il est facile de constater d'avance au moyen des plans de la mine, les schistes sont brisés et peu adhérents; dans ce cas, il faut adopter de petites dimensions, 2 mètres de large au plus et $2^{m},50$ de haut. Sinon on est presque certain de provoquer l'éboulement des schistes du toit; il se fait alors une cloche toujours beaucoup plus difficile et dangereuse à remblayer qu'une galerie ordinaire. Si au contraire le toit présente une allure régulière, les schistes sont en général bien stratifiés, et on peut ouvrir ces petites galeries d'allongement sur 3 mètres de large et $2^{m},50$ de hauteur. Leur section, comme celle des petites traverses, est rectangulaire autant que possible. Pendant l'exécution de ces bouts de galeries, on soutient le plafond, si cela est nécessaire, par quelques buttes que l'on retire la nuit, pendant le poste de remblais. Ces derniers se posent de la manière suivante : on construit en *a*,*b*, avec de gros matériaux, un mur vertical de 1 mètre d'épaisseur; on choisit de préférence les gros schistes plats, et on lie la maçonnerie autant que possible en croisant les joints des pierres; derrière ce mur, on jette à la pelle et à la main les matériaux tout venants; on les bourre le mieux possible, de manière à ne pas laisser de vides entre les remblais et le plafond.

Les deux bouts de galeries et la traverse étant ainsi remblayés, on recommence tout le long du mur deux autres bouts de galeries que l'on remblaye de même, en conservant toujours le même ordre dans la pose des matériaux tout venants et du mur de soutènement. En continuant ainsi, on recule jusqu'à une certaine distance de la galerie de roulage. Il ne convient pas d'atteindre cette galerie, parce qu'alors elle s'écraserait, et il faudrait beaucoup de bois pour la rétablir et lui conserver les dimensions qu'elle doit avoir. Le massif à laisser intact provisoirement dépend beaucoup de la dureté du charbon.

Au lieu d'attaquer les piliers par flancs, on peut dépiler sur toute leur longueur en marchant vers la galerie de roulage. Cette méthode présente ces deux avantages, que l'on peut occuper plus de piqueurs dans un espace moindre et que l'abatage n'exigeant qu'une coupe en dessous est plus facile et par suite moins coûteux. Les remblais se posent d'ailleurs exactement de même.

En suivant le même système dans chacune des traverses, on peut dépiler une grande partie de l'étage, tout en poussant de nouvelles traverses préparatoires, et aussi la galerie de roulage vers l'est et l'ouest. Il convient de mener les dépilages de front, afin de ne pas fatiguer mal à propos certains piliers qu'il serait ensuite plus difficile de traverser plus tard. Dès lors le plafond, dans la partie sud de l'étage, s'appuie doucement sur les remblais, sans secousse et sans danger pour les ouvriers.

Le charbon sort par les traverses CD pour se rendre dans la galerie de roulage et de là au puits d'extraction; les remblais arrivent par le puits, se rendent dans la galerie de roulage, et de là dans les traverses CD. Ils suivent donc les mêmes voies, mais en sens inverse; ils sont transportés dans les mêmes wagons. Quand on est parvenu aux limites assignées à l'étage, on enlève en reculant les massifs réservés le long de la galerie de roulage; cette galerie est remblayée en même temps que ces massifs, et de proche en proche on vient se fermer au puits d'extraction. Depuis dix-huit mois, cette méthode d'exploitation est en activité dans l'un des nouveaux étages et l'on n'a qu'à se louer de son application. Tout fait présumer que l'on parviendra à enlever complétement la première tranche; ce travail terminé, on laissera le plafond s'asseoir sur les remblais, et dès qu'il sera parvenu à l'immobilité ou à peu près, on ouvrira sur ces mêmes remblais un nouvel étage que l'on traitera comme le premier; en continuant de s'élever ainsi, on parviendra jusqu'aux premiers remblais de l'étage supérieur. Comme il se sera écoulé un temps fort long depuis leur pose et qu'ils auront subi à diverses époques d'énormes pressions, il est probable qu'ils seront devenus assez compactes pour former plafond. Ceci est peut-être exagéré, mais si l'on ne peut s'élever aussi haut, il est évident qu'il suffira de laisser une planche de charbon assez mince entre ces vieux remblais et le dernier étage dépilé. Il est fâcheux que l'on ne puisse donner aux galeries de dépilage plus de 3 mètres sur 2^{m},30; de plus fortes dimensions feraient baisser le prix d'abattage. Mais il paraît que la manière d'être des lits de charbon ne permet pas de donner plus de 3 mètres de largeur aux galeries sans qu'il y ait danger pour les ouvriers. Quant à la hauteur 2^{m},30, on pourrait sans doute l'augmenter un peu, mais alors les piqueurs seraient obligés de s'élever sur des tréteaux, leur travail serait plus pénible. D'un autre côté, la pose des remblais serait aussi plus difficile.

Toutes les galeries s'exécutent en faisant une entaille au sol et une autre de chaque côté, puis abattant le bloc ainsi détaché avec des coins de fer. Les galeries en dépilage ordinaire n'exigent que deux coupes, une au sol, une autre de côté, et même une seule coupe, en dépilant à la fois sur toute la largeur des piliers et marchant du toit au mur : ceci dans l'exploitation de la première tranche. Elles sont donc payées un tiers de moins à peu près ; et même, dans la seconde manière de dépiler, on peut les payer moitié moins. En effet, quand les ouvriers se trouvent à une certaine distance du toit, les piliers sont toujours fatigués dans le voisinage des remblais, ce qui diminue les difficultés d'abatage.

Pendant l'exploitation de la deuxième tranche, ces mêmes galeries prises par flanc n'exigeront qu'une coupe de côté ; il est probable que leur prix diminuera encore. D'une autre part, il est possible qu'il faille plus de bois dans cette deuxième tranche que dans la première ; c'est ce que l'expérience apprendra.

Introduction des remblais.

La grande couche de Commentry gisant à une faible profondeur au-dessous du sol, on ne pouvait songer à ouvrir des chambres d'emprunt dans le toit, comme cela se pratique dans plusieurs bassins houillers, en vue de se procurer des remblais. En supposant que ces chambres d'emprunt eussent fourni toute la pierre nécessaire, sans danger pour le personnel, dans un délai très-court, on aurait eu des affaissements à la surface, qui auraient bouleversé les voies de fer, les chemins, les cours d'eau, etc.

Il fallait donc les prendre au jour, et tout naturellement on a été conduit à découvrir l'affleurement. Voici comment le travail s'exécute (Pl. II, *fig.* 2 et 3) :

Soient AC le sol, AB un puits d'extraction, DBE l'étage en exploitation. A une certaine distance du puits, on fonce un ou deux bures verticaux de 2 mètres de diamètre environ et de 25 à 30 mètres de profondeur ; à partir du fond de ces bures, on ouvre une galerie de roulage, de niveau ou à faible pente vers le puits. On donne à cette galerie les mêmes dimensions qu'à la galerie de roulage, sur le mur de la couche, c'est-à-dire $2^m,50$ en bas, $2^m,30$ en haut et $2^m,10$ de hauteur. En K on ouvre un accrochage ayant pour dimensions : largeur, 3 mètres ; longueur, 6 mètres ; hauteur, $2^m,10$. Sur le bord du puits, on l'exhausse jusqu'en *i*, de manière à donner à K*i* 5 à 6 mètres de hauteur, et l'on emporte un coin de la roche *ino*, ceci pour faciliter la sortie des chaînes et des bennes chargées de remblais. On élargit les bures à leurs bases pour faciliter le chargement des bennes, puis à leur tête on ouvre un chantier d'extraction pour pierres. Les matériaux qui en proviennent sont lancés dans les bures, chargés et roulés au puits d'extraction ; la machine les descend à l'accrochage inférieur, qui est d'ailleurs semblable à l'accrochage supérieur ; de là ils sont roulés à la galerie sur le mur, puis introduits dans les traverses et de là dans les ateliers à remblayer.

Peu à peu il se fait à la tête des bures un vaste entonnoir taillé en gradins, sur les parois duquel glissent les matériaux, et il arrive un moment où les voies de roulage de la galerie *g*K peuvent être prolongées et où les chargeurs travaillent à découvert. Il faut hâter cette époque le plus possible, parce qu'alors on peut choisir les matériaux suivant les besoins des remblayeurs. Il importe d'avoir pour l'exécution des murs *ab*, jointifs aux piliers de charbon, des matériaux durs et de gros échantillons ; en effet, ces murs résistent mieux à la poussée du terrain tout venant jeté derrière eux et aussi à la pression du plafond. En outre il importe de ne pas avoir plus des deux tiers en tout venant ; mais ceci est en général assez facile, les schistes et grès de Commentry étant ordinairement bien stratifiés et assez durs. La galerie gK ne doit pas être ouverte à une trop grande profondeur, sans cela les matériaux tombent de trop haut et fournissent trop de menus.

Le roulage du charbon et l'exploitation de la pierre pour remblais ont lieu le jour; le roulage et la pose des remblais se font la nuit. Les machines ont ordinairement trois à quatre heures de repos sur vingt-quatre.

Volume des remblais absorbés par puits.

La plupart des puits d'extraction de Commentry rendent dans dix heures de travail 400 bennes de charbon, de 3 1/3 hectolitres chacune, soit 1.320 hectolitres. L'un d'eux est parvenu à 450 et probablement atteindra le chiffre de 500 bennes : soit 1.650 hectolitres.

Prenons ce chiffre pour base, et voyons quelle masse de remblais est absorbée journellement par un tel puits : admettons que la galerie de roulage ne marche que d'un côté, et qu'elle avance de 2 mètres par jour ; qu'il y ait en préparation trois traverses, et qu'elles avancent de $1^{m},50$ par jour; ces quatre ateliers produiront par poste $15^{mc},25$ de houille, et comme le mètre cube donne environ 14 hectol., ce sera 214 hectol. Les dépilages produiront donc 1.436 hectol. Ce volume sera fourni par $14^{m},86$ de galeries en dépilage ayant 3 mètres de large et $2^{m},30$ de hauteur. Comme le remblayage de 20 mètres de galerie en dépilage exige en effet $21^{m},50$, puisqu'il faut boucher à mesure les petites traverses, il s'ensuit qu'au lieu d'avoir à remblayer chaque jour $14^{m},86$ de galeries, on en aura effectivement $15^{m},97$, qui correspondent à $110^{mc},19$ de remblais posés. Or un mètre cube de roche massive donne, d'après des essais réitérés et avec des roches différentes, $1^{mc},50$ foisonné. Par suite, les $110^{mc},19$ mis en place exigeront 73 à 74 mètres cubes massifs. Comme chacun de ceux-ci fournit 4 1/2 bennes de 3 1/3 hectolitres, il en résulte qu'une extraction de 500 bennes de charbon exigera la mise en place de 333 bennes de remblais. Par année de 300 jours, ce serait 22.200 mètres cubes massifs, ou 33.300 mètres cubes foisonnés, ou 99.900 bennes. On comprend maintenant pourquoi les traverses ont de si faibles dimensions, au risque d'augmenter le prix de revient du charbon qu'elles fournissent; comme il faut les remblayer en même temps que les galeries de dépilages, si elles avaient de grandes dimensions, il y aurait un arriéré de remblais assez grand, et dans ce système d'exploitation, la principale difficulté ne consiste pas à extraire du charbon, mais bien à remplir exactement la nuit les vides faits le jour. D'un autre côté, les grands piliers et les petites traverses fatiguent moins la galerie de roulage; celle-ci exige moins de bois, il en est de même des traverses.

Il est très-important de ne pas laisser longtemps vides, surtout aux approches du toit, ou dans les étranglements, les galeries en dépilage. Dans ce cas, on consomme beaucoup de bois en pure perte, la masse s'étonne et il se fait parfois des cloches dans le plafond, qu'il est ensuite difficile et même dangereux de remblayer, et cependant il faut bien se garder de laisser quelque massif de charbon perdu au milieu des remblais; le plafond, en s'appuyant, l'écraserait, et le feu s'y mettrait infailliblement dans un bref délai.

Les avantages de ce mode d'exploitation sont évidents :

Avantages du nouveau mode d'exploitation.

1° On peut enlever toute la masse charbonneuse, ou à peu près. La houille devenant de plus en plus indispensable à l'industrie, ce résultat est de la plus haute importance : les compagnies passent vite, mais les peuples ne meurent pas.

2° Les causes d'incendies disparaissent, surtout si on a le soin de ne laisser au milieu des remblais aucun massif de houille, même très-petit.

3° La durée d'un massif de houille étant représentée par l'unité dans l'ancien système, le sera par cinq dans le nouveau; c'est-à-dire qu'un puits d'extraction, au lieu de durer dix ans, en durera cinquante.

J'en dis autant des appareils qui l'accompagnent : cette condition doit amener des économies considérables et atténuer la dépense nécessitée par la pose des remblais.

4° Enfin, une autre considération milite puissamment à Commentry en faveur de ce nouveau mode d'exploitation ; en découvrant l'affleurement aux points où la couche a le plus d'épaisseur, de 15 à 23 mètres, et sur une longueur de 400 mètres, on se ménage la possibilité d'arracher un jour les feux souterrains qui existent encore et qui ravagent les étages supérieurs sur plus de 200 mètres et jusqu'au niveau de 33 mètres au-dessous du sol. Ce moyen est même le seul qui donne quelque espoir de les séparer des étages préservés jusqu'à présent.

De plus, au fur et à mesure que les extracteurs de pierres arriveront à la houille, on pourra exploiter à ciel ouvert des blocs énormes dont le bas prix atténuera singulièrement la dépense des remblais dans les travaux souterrains.

Transports souterrains du charbon et des remblais

Il y a quelques années, les puits d'extraction étaient à dessein fort rapprochés; les transports souterrains s'y faisaient à la brouette ordinaire roulant sur le sol des galeries. Le charbon était déchargé aux accrochages, puis rechargé dans des tonneaux de 3 ou 6 hectolitres. Ces tonneaux élevés au jour par des manéges étaient reçus et renversés à la tête d'une grille qui classait les charbons en deux qualités, dites menu et gros. On les servait aussi de chariots porteurs de tonnes courant sur un chemin de fer. Ce moyen de transport était surtout en usage dans les travaux à ciel ouvert. S'il était permis de multiplier les puits près de l'affleurement, il était urgent de les réduire dès l'instant qu'il fallait attaquer le gîte à des profondeurs plus considérables. La durée des fonçages, leur prix de revient assez élevé à cause des masses d'eau à épuiser; l'établissement des machines, engins et travaux d'art qui les accompagnent toujours, en faisaient une loi; il fallut donc songer à adopter un autre mode de transport souterrain, pour les remblais et le charbon, plus en rapport avec les besoins nouveaux.

Wagon souterrain.

Comme wagon souterrain on choisit la benne à roulettes en usage depuis plusieurs années dans les exploitations des environs de Saint-Étienne (Pl. II, *fig.* 4 et 5). Elle contient 3 hectol. et 1/3; la caisse est un tronc de cône ayant pour base une ellipse. Sous la caisse sont fixés trois tasseaux en chêne, qui portent les essieux et les roues; ils sont boulonnés avec le fond. Les essieux sont quarrés et boulonnés avec le tasseau du milieu; on les arrondit à l'endroit des roues et jusqu'aux extrémités. Les trois tasseaux en chêne sont reliés à la caisse par des bandes de fer feuillard assez épais qui recouvrent en même temps les fusées des essieux. La benne porte à sa partie supérieure deux fortes oreilles qui sont saisies par les crochets des chaînes-câbles. Vers la partie moyenne sont fixés deux crochets par quelques mailles et une ferrure appropriée, appliquée au dehors et au dedans de la benne, de manière à intéresser plusieurs douelles; ils servent à atteler les bennes pour en former des convois. Dans les mines des environs de Saint-Étienne, les roues sont à claire-voie, en fonte grise et non trempée; l'expérience a démontré qu'il convenait de les faire pleines, en fonte grise, mais trempée jusqu'à une ligne de profondeur environ. Elles supportent mieux les chocs à leur arrivée au fond et au jour, et surtout dans les puits; en outre, elles s'usent moins vite par leur frottement contre les rails. A Commentry, au lieu d'atteler les chevaux au moyen de palonniers fixés aux crochets des bennes, on se sert de brancards en fer, très-légers (Pl. III, *fig.* 15 et 16), entièrement supportés par les chevaux quand ils sont dételés : ces brancards présentent une espèce d'anneau qui est traversé par l'oreille de la benne; une clavette courbe fixe les brancards. Ce système est très-avantageux; les chevaux sont très-vite attelés et dételés, ils peuvent modérer à volonté la vitesse des convois. Quant au poids du brancard pendant la marche, il est à peu près insignifiant.

Les bennes à roulettes présentent les avantages suivants : peu élevées, elles sont faciles à charger, même dans les galeries basses; d'un faible poids, deux hommes les remettent aisément sur les voies, quand elles déraillent, ou les font sauter d'une voie sur une autre, ce qui se présente toutes les fois qu'une benne de remblais ou de charbon doit passer de la voie de roulage dans une traverse, ou réciproquement. Elles peuvent servir dans des galeries inclinées et s'atteler aux câbles en fil de fer des plans automoteurs. Les roues très-rapprochées permettent d'établir une double et même une triple voie dans des galeries à section moyenne; il en résulte donc une économie de boisages. Ces roues, entièrement cachées par la caisse, se trouvent, pendant l'ascension dans les puits, à l'abri des chocs; les essieux, fortement appuyés contre les trois tasseaux, peuvent aussi supporter, sans ployer, des chocs violents; ce qui arrive quand on reçoit les convois au jour et au fond, et quand une benne vient à se décrocher pendant l'ascension. Ces bennes peuvent être poussées par des hommes, ce qui a lieu, en effet, jusqu'à 200 mètres et 300 mètres des puits d'extraction, ou traînées par des chevaux. Sur une pente de $0^m,005$ au plus, un cheval de force ordinaire peut descendre, pendant les postes de charbon, 12 à 15 bennes en remontant à vide, et remonter pendant les postes de remblais six à sept bennes en descendant à vide. Il parcourt dans une poste environ 18.000 mètres.

Les bennes attelées sont espacées d'environ $0^m,20$; il en résulte qu'elles tournent sans dérailler, dans les courbes les plus fermées, n'auraient-elles que 2 mètres de rayon. Cependant, comme de telles courbes fatiguent beaucoup les chevaux, on les évite autant que possible en modifiant la direction des voies de roulage.

Voies de fer.

Les rails souterrains sont tout simplement des barres de fer plat ayant $0^m,06$ à $0^m,07$ de large, et $0^m,015$ d'épaisseur; leur longueur est très-variable; en général, elle est de 6 mètres. Ils sont fixés sur des traverses en chêne, de $0^m,12$ de large sur 0,08 d'épaisseur environ, et maintenus par des cales en chêne, suivant la méthode ordinaire. On pourrait se servir dans les galeries de roulage, excepté dans les courbes trop fermées, de rails à champignon, qui s'ajusteraient de même sur des traverses en chêne. Cette forme userait moins vite les roues des bennes, mais les rails pèseraient davantage et coûteraient plus cher.

Les galeries de roulage sur le mur de la couche, celles qui mènent de ces galeries aux puits d'extraction, les galeries ouvertes près de la surface pour amener les remblais aux puits, renferment toujours une double voie; par suite, l'une des voies sert à la descente, et l'autre à la remonte des convois. Par économie, on aurait pu ferrer les galeries de roulage à simple voie, et établir des croisements de distance en distance. On a préféré une voie plus coûteuse, mais plus simple, et telle que les convois ne fussent jamais arrêtés, soit par le dérangement des croisements, soit par les stationnements qu'ils nécessitent; ceci en vue de faire produire à chaque puits d'extraction le plus possible.

L'expérience prouve que le prix de revient du charbon diminue à mesure que le rendement du puits augmente.

L'écartement des rebords des roues de bennes étant de $0^{m},36$, on donne $0^{m},38$ d'écartement aux rails, dimension prise en dedans; on laisse un mètre d'écart entre les milieux des deux voies: la largeur des bennes étant de $0^{m},85$, on voit qu'il reste entre deux bennes qui se croisent, $0^{m},20$, et entre les bennes et les parois de la galerie de roulage, $0^{m},35$.

Les traverses ne reçoivent qu'une seule voie; quand elles sont longues (dans les renflements des puits de l'Union et Saint-Antoine, il y en a qui ont jusqu'à 150 mètres), on ouvre dans les piliers voisins, de distance en distance, de petites gares; les bennes vides sont renversées sur le côté, pour laisser passer les pleines; puis on les relève et on les enraille de nouveau, ce qui se fait avec la plus grande facilité.

L'empierrement reconnu le meilleur pour ces voies souterraines, qui sont plus ou moins trempées d'eau, sont les scories de mazeries ou de fours à puddler: les plus gros morceaux occupent la partie inférieure: on termine par du menu, en recouvrant légèrement les traverses en chêne. Il suffit d'ailleurs d'empierrer les voies des chevaux. On comprend, sans qu'il soit nécessaire d'insister sur ce sujet, combien une galerie de roulage bien entretenue influe sur le rendement d'un puits et sur le prix de revient du charbon, surtout quand il s'agit, comme à Commentry, d'un transport souterrain de 2.000 mètres.

Une précaution utile à prendre, c'est de ferrer les chevaux à chaud dans les travaux souterrains; il est très-facile d'y installer une petite forge volante, alimentée par du charbon de bois, si l'airage n'est pas très-actif. Les fers tiennent beaucoup plus longtemps que lorsqu'ils sont ajustés au dehors, et posés à froid dans le fond. Les chevaux habitués au roulage mettent ordinairement deux jambes dans la voie, et les deux autres dans l'entre-voie ; malgré cette précaution, toute d'instinct, leurs pieds portent souvent sur les rails, ce qui ébranle les fers. Les scories ferrugineuses, en s'introduisant entre le fer et la corne, peuvent les blesser à la longue.

Platelages en tôle.

Nous distinguerons plusieurs sortes de platelages :

1° Ceux des accrochages des remblais et du charbon.

Ils sont composés (Pl. II, *fig.* 6 et 7) de traverses recouvertes de fortes planches de chêne, sur lesquelles on fixe par de grands clous à tête fraisée trois à quatre feuilles de tôle de $0^m,01$ d'épaisseur, $2^m,50$ de longueur et 1 m. de largeur. Ces feuilles sont posées de manière que leur longueur soit perpendiculaire à l'axe de l'accrochage : des amorces ou pièces de fer recourbées sont clouées sur la tôle, et les rails viennent aboutir à leurs naissances, en s'appuyant sur la dernière traverse du platelage. Ces amorces facilitent beaucoup l'enraillage des bennes vides pendant les postes de charbon, ou des bennes pleines pendant ceux des remblais.

Ces platelages s'étendent jusqu'au bord du puits

d'extraction; quand celui-ci descend au-dessous du sol de l'accrochage, on établit à 2 mètres environ plus bas, un très-fort plancher composé de traverses et de madriers de chêne. Les traverses sont engagées dans les parois du puits. On recouvre ce plancher de terrain menu sur lequel on fixe un autre plancher semblable au premier, mais bien dressé et formant suite au platelage en tôle; on lui donne un peu de pente vers l'accrochage. Pendant les postes, les bennes vides ou pleines sont reçues sur ce plancher au lieu de l'être sur la tôle, ce qui préserve les roues, et d'ailleurs facilite la réception.

Le double plancher est établi en prévision de la chute d'une benne ou même d'un convoi, par suite de la rupture du câble; il doit être assez solide pour résister au choc. Dans ce cas, on déblaye rapidement l'accrochage, on répare la corde et on continue le poste de remblais ou de charbon.

Quand le puits ne descend pas plus bas que l'accrochage, un seul plancher est suffisant.

2° Les platelages des ateliers d'extracteurs de pierres ou ceux établis aux croisements des galeries souterraines. A la sortie des galeries ouvertes près de la surface et menant les remblais aux puits, il est nécessaire, la plupart du temps, de conduire les bennes à charger sur plusieurs points à la fois; on y parvient au moyen de platelages renfermant un grand nombre de voies; celui représenté par la *fig.* 8, Pl. II) permettrait de les conduire sur six points différents; il a 2 mètres sur 2 mètres, les feuilles de tôle ont encore $0^{m},01$ d'épaisseur. Dans les travaux souterrains on s'attache à faire venir les convois jusqu'au puits; quand la galerie de roulage passe à peu de distance de ce dernier, on fait aboutir les voies à un platelage en tôle à six voies; quatre de ces voies appartiennent à la galerie sur le mur, les deux autres se dirigent vers l'accrochage.

3° Les platelages des traverses. Ils se composent (Pl. II, *fig.* 9) d'un châssis recouvert de planches de chêne, sur lesquelles est clouée une feuille de tôle d'un mètre de large sur 1^{m},50 de long et 0^{m},005 d'épaisseur. Cette feuille porte des amorces pour une seule voie ; ces platelages sont posés à peu près jointifs à la voie de roulage établie dans la galerie du mur, et la plus voisine des traverses. Ils sont très-utiles pour faciliter le passage des bennes vides, ou pleines de charbon ou de remblais, de la traverse dans la galerie de roulage ou réciproquement.

Il suffit de les soulever à la main ou tout au plus en se servant d'un morceau de bois que l'on passe sous la caisse. Dès qu'une benne de remblais a deux de ses roues sur la tôle, elle est bientôt sur la voie de la traverse. Quant aux bennes pleines de charbon, il suffit de les enrayer sur la voie de roulage du mur, voisine du platelage ; la manœuvre est plus facile que pour les remblais.

Les bennes vides ne présentent aucune difficulté, un seul homme les passe aisément.

Cette manœuvre des bennes de remblais et de charbon à l'entrée des traverses, se fait ordinairement par deux hommes ; l'un d'eux dessert plusieurs traverses à la fois, c'est le sauteur de bennes, l'autre est le rouleur qui amène la benne. Pour exécuter cette manœuvre, on a essayé de petites grues analogues à celles en usage dans les mines de Newcastle (1) ; l'avantage est demeuré aux platelages en tôle, il y a moins de temps perdu.

Après un temps très-court, tous ces platelages deviennent lisses par le frottement des boudins des roues,

(1) *Voir* le mémoire de M. Piot, *Annales des mines*, 4e série.

en sorte qu'un faible effort suffit pour les faire tourner, et l'enraillage se fait pour ainsi dire de lui-même. Ils remplacent très-avantageusement les plaques tournantes en usage dans les chemins de fer de la surface.

Appareil d'extraction

Cet appareil se compose d'une charpente de molettes, de wagons plats receveurs des bennes, et d'une grille à bascule avec recette faisant suite aux wagons.

Charpente de molettes

Dans un mémoire sur le fonçage des puits de mines dans le nord de la France (*voyez* le tome III de la 4e série des *Annales des mines*), j'ai donné le dessin d'une charpente à peu près semblable : mais celle qui nous occupe est établie sur des proportions beaucoup plus considérables (Pl. II, *fig.* 10, 11 et 12). Ainsi, les axes des molettes sont à $24^m,40$ au-dessus de la bouche du puits, les deux maîtres-montants ont $23^m,10$ de longueur sur $0^m,45$ d'équarrissage en haut. Chaque maître-montant est d'une seule pièce en sapin; les liens de côté et de derrière peuvent être chacun de deux pièces; ils sont aussi en sapin. Il ne serait guère possible de trouver des bois de chêne ayant ces dimensions, et d'ailleurs ils coûteraient fort cher. Tout le reste de la charpente est en chêne et facile à trouver, parce que toutes les pièces ont de faibles dimensions. Les tenons principaux sont renforcés par des armatures ou des boulons. Les porteurs de molettes sont liés au chapeau de la charpente par de forts étriers en excellent fer (Pl. IV, *fig.* 18, 19 et 20). Les molettes sont à gorge plate, capables de recevoir des câbles plats de $0^m,16$ de largeur.

Les coussinets des molettes sont en fonte et bronze entièrement découverts; ils coiffent les porteurs de molettes avec lesquels ils sont boulonnés (Pl. IV, *fig.* 21, 22 et 23).

Ces charpentes sont remarquables en ce qu'elles

renferment peu de bois relativement à leur hauteur et aux charges qu'elles supportent. La principale condition de stabilité est celle-ci :

La résultante générale des tensions des cordes, quand la machine travaille, doit passer entre le plan des liens de derrière et celui des maîtres-montants. Cette condition détermine la position des bobines et par suite celle de la machine d'extraction.

Quand elle n'est pas satisfaite, c'est-à-dire quand la résultante générale des tensions des cordes passe entre le plan des liens de derrière et les bobines, et surtout quand les maîtres-montants et liens de derrière sont faibles, la tête de la charpente oscille en avant et en arrière, à chaque coup de piston. Le mouvement est surtout sensible, quand l'ascension est rapide. Mais en donnant aux pièces des dimensions suffisantes, et disposant les bobines convenablement, ce mouvement est à peine sensible ; on sent bien qu'il n'est jamais nul. Ceci est impossible à réaliser avec une pareille hauteur, mais un léger mouvement de va-et-vient ne nuit pas à la solidité de l'appareil.

Il faut avoir soin de mastiquer les fentes du bois et de les peindre, si l'on veut augmenter la durée des pièces en sapin.

Wagons plats. Les convois de bennes sont reçus sur deux wagons plats mobiles à quelques mètres au-dessus de la bouche du puits d'extraction. Ces wagons (Pl. II, *fig.* 10 et 12, et Pl. IV, *fig.* 17) se composent d'un châssis recouvert de fortes planches de chêne, sur lesquelles sont clouées des feuilles de tôle de 0,01 d'épaisseur ; trois liteaux de 0,10 de hauteur sont boulonnés avec le châssis et ne laissent aux bennes qu'une issue vers la grille. L'ensemble est supporté par quatre coussinets en fonte qui viennent s'appuyer sur deux essieux mobiles. Les roues courent sur deux rails à champignons, comme le représente le dessin.

La manœuvre est facile à saisir; les receveurs tirent ces deux wagons au-dessus du puits à tour de rôle, et suivant que le convoi de droite ou celui de gauche a dépassé le niveau de la recette. Ils sont d'ailleurs construits et posés de manière que leur bord sans liteau vienne affleurer le plancher de celle-ci.

Ces wagons sont extrêmement commodes pour recevoir et envoyer les convois; bouchant à peu près les deux tiers du puits, les ouvriers sont beaucoup moins exposés à tomber que lorsqu'ils sont obligés de tirer les bennes sur la recette, et de leur faire abandonner la verticale. En outre, les bennes vides poussées sur ces chariots et enlevées l'une après l'autre verticalement, se balancent moins dans le puits et y causent moins de dégâts.

Sur le bord du puits d'extraction on établit une charpente qui porte la recette; celle-ci présente (Pl. II, *fig.* 12, 13, 14 et 15, et Pl. IV, *fig.* 1) un plancher de niveau et faisant suite aux wagons plats receveurs de bennes. Pour recevoir quatre bennes pleines, loger quatre bennes vides en attente, et ne pas être gêné dans ce service, il faut donner à ce plancher une largeur de 6 mètres sur une longueur de 5 mètres environ. Les *fig.* 12, 13, 14, 15 et 1 représentent un plan et quatre coupes en travers de cette recette; sur les traverses fixées à la partie supérieure de la charpente on cloue de fortes planches de chêne, et par-dessus des feuilles de tôle de 3 mètres de longueur sur une largeur de 1 mètre environ et une épaisseur de $0^m,01$. Les têtes de clous doivent être noyées dans la tôle pour ne pas gêner le mouvement des bennes. Recette.

Une toiture légère en planches recouvre le tout, soit pour garantir les receveurs de bennes pendant le mauvais temps, soit pour supporter le choc d'un câble qui viendrait à rompre pendant les postes de charbon.

Bascule et grille. Ces bascules sont en fonte et fer. Elles se composent (Pl. II, *fig.* 10, et Pl. IV, *fig.* 2 et 3) de deux flasques en fonte, reliées par quatre fortes traverses en fer forgé sur lesquelles sont boulonnés :

1° En bas, deux rails mis au niveau du plancher en tôle de la recette; ils sont recourbés à l'une de leurs extrémités pour arrêter le mouvement des bennes; l'autre extrémité se raccorde avec des amorces en fer forgé, clouées sur les feuilles de tôle.

2° En haut, deux longrines en fer qui viennent raser les bords supérieurs de la benne pleine.

La traverse supérieure la plus voisine de la recette est recourbée en fer à cheval et dans sa partie moyenne, afin de laisser passer les gros morceaux de charbon; la traverse supérieure voisine de la grille est légèrement recourbée en son milieu pour livrer passage à l'oreille de la benne.

Cette bascule repose sur deux montants en chêne (faisant partie de la charpente de la recette et figurés dans la coupe *fig.* 15, Pl. II), au moyen des tourillons engagés dans les flasques. Les traverses en fer forgé sont tellement placées que le centre de gravité de la benne pleine, engagée sur les rails, se trouve à peu près au niveau de l'axe des tourillons, et un peu en avant du côté de la grille. Par suite, la bascule se met en mouvement d'elle-même dès que les roues de la benne viennent butter contre les arrêts fixés sur les rails; en aidant un peu, la benne se trouve à peu près complétement renversée, les roues en l'air. Elle est d'ailleurs retenue par les deux longrines en fer et les arrêts fixés sur les rails. Elle se vide donc, sans fatigue pour les receveurs et sans choc qui la brise. Deux heurtoirs en frêne, ou tout autre bois dur, sont boulonnés sur les deux flasques, et viennent butter contre le plancher de la recette, quand on retire la benne vide. Ces heurtoirs sont coupés de telle manière que les deux rails de la bascule se trouvent toujours de niveau avec la recette.

Ces bascules sont fort en usage dans les mines des environs de Saint-Étienne, qui emploient les bennes à roulettes. Elles facilitent singulièrement la manœuvre des receveurs, et conservent le matériel.

La bascule précédente est établie à la tête d'une grille ou crible qui classe les charbons en menus et gros. La tête de cette grille part de la naissance des rails de la bascule; elle affleure les flasques, afin que le charbon tombant d'une petite hauteur se brise le moins possible. L'écartement des barreaux de la grille est variable suivant l'état du charbon; quand il est humide, cet écartement est de $0^{m},03$. Les deux qualités sont transportées à la brouette et déposées à la tête d'un mur de soutenement construit le long d'un embranchement du chemin de fer de Commentry à Montluçon, puis chargées à certaines heures dans les wagons de ce chemin de fer: leur capacité est de 20 hectolitres.

Cette grille peut être modifiée de manière à classer les charbons en plus de deux qualités. En faisant usage de wagons plus grands, on peut, au moyen de voies de fer dirigées convenablement, éviter le dépôt sur les embarcadères. Ce dépôt augmente la proportion de menu et ne laisse pas d'être onéreux.

Ces dispositions doivent varier avec la qualité de houille, sa destination et le chemin de fer qui la transporte. Autant que possible, il faut s'attacher à n'avoir qu'un chargement dans les bennes, aux tailles, et un déchargement de ces mêmes bennes dans les wagons de transport.

Câbles.

Pendant longtemps on n'a employé à Commentry que des câbles ronds, en chanvre, et goudronnés. Une expérience de plusieurs années a démontré que ce genre de cordes dure beaucoup moins, à qualité, section et charge égales, que les câbles plats en chanvre ou en aloès. L'aloès vaut mieux dans les puits humides ; dans les puits secs, le chanvre dure à peu près autant. Ainsi, par exemple, deux cordes de $0^m,08$ de diamètre placées sur un des puits de Commentry n'ont servi que dix mois ; tandis que deux cordes plates, en chanvre, de $0^m,14$ de large et $0^m,035$ d'épaisseur, sortant de la même fabrique, durent près de deux ans, en faisant le même service. Les sections sont, dans ces deux cas : 50 et 49 centimètres quarrés. Malgré la différence du prix, la perte qui en résulte, dans une grande exploitation, peut être considérable. A quoi tient cette différence dans la durée des cordes plates ou rondes ? Sans doute au frottement des spires les unes contre les autres sur les tambours cylindriques ou coniques, tandis que sur les bobines les spires ne font que glisser insensiblement l'une sur l'autre, à mesure que le serrage s'opère. En outre, les câbles plats dont les torons sont cousus ensemble se détordent moins volontiers que les cordes rondes.

Nous signalons cette différence dans la durée, parce que beaucoup d'établissements houillers, en France, donnent encore la préférence aux câbles ronds.

Chaînes de suspension.

Les chaînes de suspension (Pl. III, *fig.* 1) se composent d'une espèce de fléau de balance, en gros fer plat, percé d'un trou circulaire en son milieu, et d'un autre trou circulaire à chaque extrémité. A chaque bout de ce fléau pend une longue chaîne portant de distance en distance un bout de chaîne assez court terminé par un long crochet recourbé qui vient saisir l'oreille de la benne de charbon ou de remblai. Ces bouts de chaîne sont ajustés de manière qu'ils peuvent se détordre sans que l'on soit obligé de modifier la position des chaînes maîtresses. Le fléau est saisi en son milieu par une chappe faisant partie d'une grosse chaîne, qui elle-même se rattache au câble plat. Toutes ces chaînes, grosses ou petites, doivent être à maillons très-courts, afin que jamais les maillons ne travaillent sur plat; dans ce cas, une rupture est imminente; le moindre choc peut déterminer la chute de tout ou partie du convoi.

Voici, pour un convoi de quatre bennes, comment ces chaînes doivent être établies :

On donne à la grosse chaîne-câble 8 mètres de longueur; on laisse un écart d'un mètre entre le fléau et la première benne, un écart de 2 mètres entre deux bennes consécutives.

Comme elles ont 0m,85 de hauteur, on voit que les chaînes des fléaux ont 9m,55 de longueur, soit en totalité 17m,55. Si on ajoute à ce chiffre la hauteur de la quatrième benne et celle de la grille qui est d'environ 3m,20, on obtient 21m,60. La différence de niveau entre les axes des molettes et la bouche du puits étant de 24m,40, il en résulte que lorsque la dernière benne viendra se présenter au niveau des wagons receveurs, le point d'attache de la grosse chaîne et de la corde plate se trouvera à 2m,80 au-dessous de la molette. Cette distance est nécessaire, parce que le machiniste élève quelquefois les convois un peu plus haut qu'il ne convient, surtout pendant la nuit, et il ne faut pas que l'attache de la chaîne et du câble monte sur la molette. Quant aux 8 mètres de grosse chaîne, ils sont strictement suffisants pour empêcher la corde plate de se plier dans le fond du puits quand on reçoit les convois de charbon ou de pierres : cette condition est essentielle.

En effet, après un temps assez court, les cordes s'affaiblissent tellement à l'endroit des plis, qu'on est obligé de les couper ; de là perte de matière et de temps, parce qu'il faut refaire l'attache du câble et de la chaîne. Or on sent combien le temps est précieux, lorsqu'il s'agit de faire travailler un puits d'extraction vingt à vingt-deux heures par jour, soit en charbon, soit en remblai. Les deux ou trois heures supplémentaires sont consacrées aux réparations de machines.

Les détails qui précèdent expliquent suffisamment comment on a été conduit à construire des charpentes si élevées. Un convoi de 4 bennes de charbon ou de pierres représente 13 à 14 hectolitres de houille et $1^{mc},32$ foisonnés ; pour élever au jour ou descendre dans les travaux souterrains, de semblables poids et volumes, il faudrait des vases très-grands et très-solides ; par conséquent très-difficiles à manœuvrer. Les bennes à roulettes, au contraire, sont d'une manœuvre facile : seulement en divisant les poids, elles ont conduit à donner une plus grande hauteur aux appareils d'extraction.

Les convois de charbon ou de remblais sont du reste faciles à mettre au puits ; il suffit de placer les bennes les unes à la suite des autres dans le sens de leur longueur, et de les accrocher toutes, puis de les pousser successivement vers le puits à mesure que le câble s'élève. La manœuvre est la même, soit au fond du puits, soit aux accrochages des remblais. Au jour, on les pousse sur les wagons plats que l'on repousse ensuite pour livrer passage au convoi vide.

De la charge des câbles plats

La charge des câbles plats pendant les postes de charbon peut s'établir de la manière suivante :

	kil.
Une chaîne-câble de 8 m. de longueur et 0,03 de diamètre.	184
Un fléau à 4 bennes.	140
4 bennes vides.	652
14 hectolitres charbon.	1 120
Ensemble.	2.096

Ces câbles ont 0m,14 de large sur 0,035 d'épaisseur, c'est donc 42 à 43 kilogrammes par centimètre quarré de section. Cette charge, pendant les postes de remblais, devient :

	kil.
Chaîne-câble.	184
Un fléau à 4 bennes.	140
3 bennes vides.	489
1mc,32 foisonnés ou 0mc,88 massifs grès et schistes houillers (en admettant 2.000 kilogr. pour le poids spécifique moyen de ces roches).	1.760
Ensemble.	2.573

C'est donc 52 à 53 kilogrammes par centimètre quarré. Ainsi ces câbles travaillent vingt à vingt-deux heures par jour, sous une charge moyenne de 47 à 48 kilogrammes par centimètre quarré ; leur durée est de dix-huit mois à deux ans, suivant l'état des puits.

Bobines.

Ils s'enroulent sur des bobines entièrement en fonte et fer ou à cerveaux en fonte avec rayons de bois. Les premières sont représentées par les *fig.* 4, 5, 6 et 7, Pl. IV. Les noyaux sont en fonte, les rayons en fer forgé boulonnés avec le noyau, les couronnes en fer mince et composées de plusieurs secteurs rivés sur les extrémités des rayons. Ce genre de bobines est inaltérable, mais il présente un inconvénient ; quand les puits sont humides, il faut pour préserver les câbles les graisser de temps en temps, ce qui les rend glissants, surtout lorsqu'ils sont à demi usés. Les spires cherchent alors à s'appuyer sur les rayons, et à moins d'avoir une grande épaisseur, ceux-ci ne peuvent leur offrir un point d'appui suffisant. Dès lors ils peuvent se placer de champ et s'engager de manière à arrêter la machine. Cet effet ne se produit pas quand les câbles sont maintenus dans un état à peu près sec. Ces bobines sont du reste très-légères et conviennent sur les puits donnant peu d'eau.

Le deuxième genre est représenté par les *fig.* 8, 9 et 10, Pl. IV. Ce dessin ressemble à celui que j'ai donné dans le mémoire déjà cité, tome III de la 4ᵉ série des *Annales des mines;* seulement les bobines actuelles sont plus légères et renferment un plus grand nombre de rayons. Elles se composent, comme on le voit, d'un cerveau en fonte sur lequel sont boulonnés un certain nombre de rayons en bois terminés par une circonférence aussi en bois, formée de plusieurs secteurs fixés sur les extrémités des rayons par des vis à tête fraisée. Elles conviennent mieux que les premières sur les puits humides ; en effet, leurs nombreux rayons en bois présentent aux câbles vieux et bien graissés des points d'appui solides et rapprochés. Pour fixer les câbles plats sur ces bobines, on peut s'y prendre de plusieurs manières; une des plus simples consiste à fixer le câble au noyau par quelques fortes vis engagées dans la fonte.

Machines d'extraction.

La plupart des machines d'extraction de Commentry sortent des ateliers de M. Cavé. Elles sont à cylindre oscillant à double effet sans détente ni condensation; elles fonctionnent à 6 atmosphères. Les eaux de la mine étant très-acides, surtout après un séjour assez long dans les travaux souterrains, ne peuvent servir à l'alimentation des chaudières; une dérivation du ruisseau de la Banne, qui a servi en 1840 et 1842 à inonder la mine, fournit l'eau nécessaire. Cette eau est reçue dans un grand bassin, puis élevée dans une bâche en tôle d'un assez grand diamètre au moyen d'une pompe aspirante et foulante mise en jeu par une petite machine à vapeur. Cette bâche est établie à une certaine hauteur; une série de tuyaux en fonte enterrés à quelques pieds au-dessous du sol amène l'eau près des chaudières. Elle tombe dans des bâches en bois où elle est reprise par de petites pompes aspirantes et foulantes mises en jeu par des machines à vapeur spéciales et de faible puissance, dites petits-chevaux, et foulée dans les chaudières.

En hiver le ruisseau de la Banne fournit toujours assez d'eau, il n'en est pas de même en été. On a donc intérêt à la ménager dans cette saison.

Dès machines à condensation en auraient exigé beaucoup plus. Leur consommation en charbon est assez grande, mais on sait que dans une mine de houille on est souvent obligé d'élever au jour des rebuts invendables dont on ne saurait comment se débarrasser si les machines ne les consommaient pas.

Cependant s'il s'agissait d'établir sur cette mine une machine de grande puissance pour épuisement, par exemple, il faudrait par économie choisir une machine à détente et condensation, devrait-on pour cela faire quelques dépenses pour aménager les eaux. Ces machines d'extraction sont d'ailleurs bien exécutées; en général elles occupent peu de place, sont faciles à conduire et se dérangent peu. Ceci est fort important quand le travail doit être pour ainsi dire continu. Les chaudières adoptées sont cylindriques, en tôle, terminées par deux calottes sphériques. Cette forme n'est sans doute pas celle qu'il faut adopter pour consommer le moins de charbon, mais elle est simple, permet de retourner les chaudières quand elles sont à demi usées d'un côté et de les réparer rapidement quand elles sont avariées.

Voyons quelle doit être la puissance à développer pour élever de 100 mètres, en neuf heures de travail effectif, 500 bennes de charbon.

Cela revient à élever 56 bennes par heure environ : comme les convois sont de 4 bennes, c'est quatorze voyages qu'il faut faire par heure ou un voyage par quatre minutes et demie. Pour mettre au puits un convoi de 4 bennes, le recevoir au jour et le renvoyer au fond, il faut à peu près deux minutes. Par conséquent l'ascension d'un convoi devrait se faire en deux minutes et demie.

En se rappelant que les bennes contiennent 3 1/3 hectolitres, que l'hectolitre pèse 80 kilogrammes environ, on trouvera que cette vitesse ascensionnelle exige une puissance de 9 à 10 chevaux-vapeur effet utile ; et si l'on admet que ces machines d'extraction n'utilisent au plus que les 0,55 de leur force nominale, il faudra 17 à 18 chevaux-vapeur effet dynamique.

Comme il est rare qu'une course de 500 bennes se fasse sans arrêt provenant du matériel ou du personnel du fond et du jour, et que l'on ne peut regagner le temps perdu que par un surcroît de vitesse ascensionnelle, il est prudent de compter sur 20 à 25 chevaux.

Freins sur les volants.

La descente des remblais par les machines d'extraction, après les postes de charbon, exigeait l'établissement de freins sur les volants ou sur des couronnes fixées sur l'arbre des bobines.

Un frein sur l'arbre des bobines arrête le mouvement des bennes, quel que soit l'accident survenu à la machine; sur le volant il sauvegarde plutôt la machine, puisque l'engrenage venant à se briser les bennes se trouvent abandonnées à elles-mêmes. Mais aussi, toutes choses égales d'ailleurs, il est beaucoup plus énergique; en renforçant les engrenages, il vaut donc mieux l'établir sur le volant.

Le frein proprement dit (Pl. III, *fig.* 2 et 3) se compose d'une lanière en fer plat ayant $0^m,12$ de large sur $0^m,013$ d'épaisseur vissée sur une série de sabots en bois dur de $0^m,12$ à $0^m,15$ d'épaisseur et une largeur un peu plus grande que celle de la jante du volant. Cette jante doit être de forme rectangulaire, bien circulaire et se maintenir dans un plan à peu près vertical, pendant le mouvement de rotation. L'une des extrémités de la lanière est saisie par un très-fort boulon fileté sur une assez grande longueur et qui traverse un sommier encastré dans les murs du bâtiment et à peu près jointif au volant. En serrant plus ou moins l'écrou qui termine ce boulon, on peut rapprocher les sabots de la jante du volant, au fur et à mesure qu'ils viennent à s'user. L'autre extrémité de la lanière est saisie par une forte chaîne passant sur une poulie en fonte et qui se rattache au petit bras d'un levier en fer plat de grande force établi près du volant; le grand bras de ce levier est commandé directement ou par l'intermédiaire de poulies ou de leviers de renvoi, suivant la disposition de la machine, par une vis à filets carrés se mouvant dans une colonnette en fonte boulonnée sur le plancher de la chambre de la machine et à portée de la main gauche du machiniste, de façon qu'il puisse gouverner de la main droite et modérer le mouvement de la gauche en serrant plus ou moins le frein. L'écrou est engagé au sommet de la colonnette et ne tourne pas; la vis tourne et, par une disposition particulière, la chaîne qui la lie à l'extrémité du grand bras de levier ne peut se tordre.

Le pas de la vis, sa manivelle et le levier du frein étant en quelque sorte arbitraires, on comprend qu'il peut exercer sur la jante du volant une pression énorme, surtout si cette jante a un grand diamètre. Un excès de force n'est jamais à craindre; en effet, l'effort du machiniste se transmettant au levier du frein par l'intermédiaire d'une vis, le serrage est toujours progressif, quel que soit d'ailleurs la vitesse de rotation du levier de la vis; un manque de force, au contraire, pourrait dans certaine circonstance occasionner un ballage. L'un des convois de charbon ou de pierres serait précipité au fond du puits; l'autre arriverait à la tête de la charpente avec une grande vitesse et y causerait certainement des dégâts considérables. Dans l'établissement de ces freins, il faut supposer le cas le plus défavorable, celui où le convoi de charbon arrivant à la bouche du puits et le convoi de pierres étant suspendu et prêt à descendre, la machine viendrait à ne plus gouverner. Dans ce cas, le machiniste est surpris, et le plus souvent le convoi descend pendant quelques secondes avant qu'il ait serré le frein. Il faut que celui-ci soit assez énergique pour qu'un serrage progressif finisse par arrêter le mouvement après avoir au préalable amorti la vitesse acquise par les masses du convoi, des bobines et du volant. Des essais souvent répétés sur les convois de charbon ou de pierres nous ont prouvé que le frein dont nous donnons le dessin satisfait à cette condition.

Ces appareils si simples sauvegardent toujours le matériel, mais leur importance devient extrême quand il s'agit d'un fonçage. Dans ce cas, si la machine devient ingouvernable pendant l'ascension ou la descente des ouvriers, ils redescendent de plein choc au risque de se tuer ou de se noyer au fond du puits. S'il s'agit de quelques réparations à faire au puits ou de descendre des hommes à fleur d'eau pour pêcher une benne ou même un noyé, le machiniste arrête indéfiniment au point voulu et rend l'opération plus facile.

Bâtiments de machines d'extraction.

Nous donnons ici le dessin d'un bâtiment pour machines d'extraction de 25 chevaux (Pl. III, *fig.* 2 et 3, et Pl. IV, *fig.* 11 et 12).

Le massif qui supporte le châssis en fonte de la machine et par suite le cylindre et la manivelle du volant doit être construit en pierres de taille de grande dimension. En effet, ce massif est traversé par une série de boulons verticaux destinés à assujettir le châssis, et l'on sent qu'une fixité absolue est indispensable.

Les massifs qui portent les bobines et le volant doivent être aussi en pierres de taille par le même motif. Le reste du bâtiment peut être construit en moellons ou en briques. La construction des bâtiments de machines d'extraction doit être subordonnée à cette condition importante et qui a beaucoup d'influence sur le service des puits; c'est que le machiniste doit apercevoir de sa place habituelle, non-seulement les deux convois de charbon à leur arrivée au jour, mais aussi toute la charpente, depuis la bouche du puits jusqu'aux molettes.

Suppression des engrenages

Les engrenages, même renforcés, peuvent se briser par suite d'un choc brusque; il en résulte une perte d'argent et des retards dans le service des puits, toujours préjudiciables dans une grande exploitation.

On peut les supprimer en établissant les bobines sur l'arbre du volant suffisamment prolongé. On sait que le travail moteur développé par un volant est proportionné au poids de sa couronne et au carré de la vitesse moyenne de celle-ci. Pour diminuer son poids, il est convenable que cette vitesse soit assez grande; ceci est nécessaire afin que la manivelle puisse franchir les points morts et que le mouvement de rotation ait un certain degré de régularité. Pour éviter une trop grande vitesse ascensionnelle des convois de charbon ou de remblais, il faut donc réduire le noyau des bobines; en cloisonnant les puits, cette vitesse peut d'ailleurs être assez grande sans inconvénient.

Un autre système consiste à faire mouvoir l'arbre des bobines au moyen de deux machines dont les puissances réunies égalent celle nécessaire pour produire l'effet désiré. Dans ce cas les bobines se trouvent placées entre les cylindres; les deux manivelles sont attachées aux deux extrémités de l'arbre et font entre elles un angle droit; en installant sur l'arbre des bobines, à égale distance de chacune d'elles, un volant d'un poids et d'un rayon modérés, on parvient aisément à franchir les points morts et à régulariser le mouvement de rotation : ceci est une conséquence de l'établissement à angle droit de deux manivelles motrices. Ce volant reçoit un frein qui a cet avantage de commander à la fois la machine et les bobines.

Nous n'avons vu aucun de ces deux systèmes installés à Commentry, mais nous savons que le deuxième fonctionne dans une des grandes exploitations du nord de la France.

Du fonçage des puits.

Suivant l'usage du pays, les premiers puits de Commentry étaient rectangulaires; en moyenne ils avaient $2^m,80$ de longueur et $1^m,60$ de large. Ces dimensions pouvaient suffire au passage de tonneaux de 6 hectolitres; elles étaient trop faibles pour des convois de bennes. On les a donc agrandis en adoptant la forme circulaire; aujourd'hui ces puits ont en moyenne 3 mètres de diamètre.

Leur fonçage ne présente en général de difficultés que lorsqu'ils donnent beaucoup d'eau; dans la partie centrale de la couche, où la puissance est la plus grande, les roches et le charbon sont fissurés et livrent volontiers passage à l'eau. Là quelques puits donnent à certaines profondeurs, principalement dans le voisinage de la couche, jusqu'à 16 tonnes de 6 hectolitres par heure et même davantage; au delà de ce chiffre, on suspend le fonçage et l'on bat les eaux pendant un certain temps; puis les ouvriers rentrent jusqu'à ce que leur affluence les oblige de nouveau à sortir. Heureusement ces puits sont rares; leur fonçage devient alors fort coûteux; surtout quand il s'agit de descendre dans une roche dure, comme le poudingue qui sert de base au terrain houiller. Dans ce cas, les postes de mineurs sont de quatre hommes, deux ne font que charger l'eau, les deux autres percent les trous de mine et mettent le feu.

Il est fort rare qu'ils soient obligés de se servir de cartouches en fer-blanc ou goudronnées: ils emploient communément et toujours les mèches anglaises dites fusées de sûreté.

Dans les parties qui exigent un revêtement, on muraille avec du grès houiller pris dans les travaux à ciel ouvert; on choisit les bancs les plus durs. Mais ces grès sont en général assez tendres, et lorsqu'il faut revêtir certaines parties qui fatiguent plus que d'autres, telles que les accrochages et les bouches des puits, il vaut mieux cuveler suivant la méthode flamande. Une ou deux trousses colletées suffisent pour porter le poids du cuvelage et même plusieurs mètres de maçonnerie, en supposant qu'il y en ait au-dessus.

Les trousses ordinaires sont ensuite montées et serrées fortement par divers matériaux, tels que coins de bois et moellons bruts que l'on tasse fortement entre les parois du puits et les pièces de cuvelage.

Cette précaution est indispensable pour empêcher celui-ci de se déformer sous le choc des bennes.

Le nombre des pièces qui composent les trousses est très-variable ; moins il y en a et plus aisément elles se posent, mais leur épaisseur doit être grande ; en outre, plus il y a de pièces, plus on approche de la forme circulaire et mieux se fait le raccord du cuvelage avec la maçonnerie ou les parois brutes du puits.

On varie depuis 10 jusqu'à 15 pans ; une épaisseur de $0^{m},08$ à $0^{m},10$ est alors suffisante. Comme il ne s'agit pas ici de retenir les eaux, mais de s'opposer seulement à la poussée du terrain, ces cuvelages peuvent être travaillés grossièrement et avec du bois ordinaire.

Comme exemple assez curieux de cuvelage, nous donnons le dessin (Pl. III, *fig.* 4, 5) d'un accrochage ouvert dans des schistes houillers très-tendres ; à l'entrée de cet accrochage on avait à établir un cadre de grandes dimensions. Ce cadre se raccorde avec les pièces d'un cuvelage à 10 pans qui viennent s'appuyer contre les deux montants, tandis que la sole du cadre repose sur les trousses colletées et que sa tête porte le reste du cuvelage.

Pour ménager le matériel, il faut avoir soin de faire disparaître au pic et à la pointerolle toutes les aspérités trop saillantes qui, rencontrées par les convois de bennes, pourraient les endommager ou les renvoyer vers le centre du puits et les faire osciller. Il faut autant que possible que les convois montent d'à-plomb.

Échelle de sauvetage.

Dans un puits en fonçage de 3 mètres de diamètre et donnant 16 tonnes d'eau de 6 hectolitres par heure, l'eau monte de $1^{m},36$ par heure quand on suspend l'épuisement. Ce puits étant desservi par une machine à vapeur, si elle devient ingouvernable pendant un poste de mineurs et que la réparation exige un certain temps, ils seraient noyés avant qu'on ait eu le temps d'établir sur le puits, surtout s'il est déjà profond, un autre moteur. Il faut donc avoir sous la main un agent de sauvetage facilement et rapidement transportable.

On a établi pour cet usage à Commentry une échelle à montants en corde de $0^m,03$ à $0^m,04$ de diamètre et à bâtons de bois engagés solidement dans les montants. Cette échelle a une longueur plus grande que celle à laquelle le puits doit atteindre. On la tient toute prête sur un petit camion à deux roues, et, en cas d'accident survenu à la machine, le camion est amené sur le puits; et l'échelle une fois amarrée aux montants de la charpente des molettes, on la laisse couler jusqu'au fond. Dès lors les mineurs en partie submergés peuvent remonter jusqu'à la bouche du puits tous à la fois, ou s'arrêter en chemin, jusqu'à ce que la machine mise en état puisse venir les prendre. Cet appareil est fort simple; nous l'avons vu fonctionner plusieurs fois avec succès.

Les puits d'extraction ainsi exécutés peuvent être mis en exploitation et recevoir des convois de 4 bennes charbon ou remblais. Cloisons séparatrices.

Pour éviter les rencontres au milieu des puits et augmenter sans danger la vitesse ascensionnelle, il convient de les séparer en deux compartiments par une cloison verticale passant par l'axe et perpendiculaire au plan des câbles.

Les *fig.* 13, 14, 15 et 16, Pl. IV, représentent une de ces cloisons : on voit qu'elle se compose de madriers en chêne, posés verticalement, assemblés à languettes et portant un tenon à chaque extrémité; ces tenons s'engagent dans des rainures ménagées dans des traverses horizontales encastrées dans les parois du puits. Cette cloison part du fond et s'élève jusqu'aux sommiers qui supportent les rails des wagons plats receveurs.

Aux environs des accrochages du charbon et des remblais, l'épaisseur des madriers est un peu plus grande, afin qu'ils puissent résister aux chocs des bennes à leur départ.

On a évité à dessin de faire entrer aucun ferrement dans cette cloison ; l'épaisseur des traverses étant la même que celle des madriers, aucune saillie ne peut donner prise aux bords et aux crochets des bennes ; en outre, toutes les pièces étant solidaires, pour qu'un madrier soit rompu, il faut que les deux languettes qui l'unissent à ses voisins et que les tenons des deux extrémités soient brisés, en un mot, on a cherché à réunir ces trois conditions : surface parfaitement plane, légèreté, solidité.

Descenderies. Les principaux puits d'extraction sont accompagnés d'une série de petits burcs verticaux de 20 mètres de longueur sur $1^{m},60$ et $1^{m},10$. Ces petits burcs, établis à peu près comme en Flandre (*voyez* le mémoire déjà cité), reçoivent des échelles inclinées à montants en chêne et goujons en fer forgé ; au milieu de chaque petit burc se trouve un plancher de repos, de sorte qu'un ouvrier ne peut tomber que de 10 mètres. Ces échelles servent principalement à la descente et à la remonte des ouvriers, le passage par les puits d'extraction étant complétement interdit.

Les bâtons en bois, même le plus dur, ne conviennent pas dans les jeux d'échelles fréquentés, ils sont fort souvent la cause d'accidents graves. Les bâtons en fer durent fort longtemps ; seulement les eaux sont tellement acides que, si l'on n'a pas la précaution de détourner les gouttières dans les burcs humides, ils sont assez vite rongés.

De l'airage. Dans les travaux souterrains de Commentry l'air n'est vicié que par la respiration des hommes et des chevaux, par la combustion des lampes et par les miasmes dus à la présence d'un nombreux personnel ; l'acide sulfureux provenant de la combustion de la poudre et l'hydrogène sulfuré de la décomposition des pyrites y sont en petites quantités. L'airage y est donc fort simple ; chaque niveau est exploité par un puits au moins, et tous les niveaux communiquent entre eux par un certain nombre de burcs verticaux ouverts, la plupart du temps, dans le charbon. Les galeries de roulage, les traverses et les galeries en dépilage ayant de grandes dimensions, on aère facilement chaque étage par des burcs espacés de 150 à 200 mètres communiquant avec l'étage supérieur ou inférieur.

Dans la partie est de la couche, dont l'exploitation doit être poursuivie assez loin sans percement nouveau, on a eu recours, pour aérer deux étages superposés, à un moyen artificiel, je veux parler d'un foyer d'airage. Il est établi dans le toit de la couche, au niveau supérieur à 15 mètres environ d'un ancien puits communiquant avec la surface. La réunion du foyer et de ce puits a lieu par un burc vertical et une galerie horizontale. Au moyen de portes convenablement disposées et de burcs verticaux ou inclinés ouverts dans le charbon, et mettant les deux étages en communication, l'air parcourt en ce moment 1.500 mètres avant d'arriver au foyer. En cloisonnant le puits, on a même pu y placer un jeu d'échelles, de sorte qu'il sert tout à la fois de descenderie et de passage pour la fumée et l'air chaud du foyer.

L'air de ces deux étages est toujours bon, et il est probable qu'à l'aide de ce moyen artificiel on marchera longtemps vers l'*est* sans percement nouveau. Dans l'exécution de certains travaux au rocher, notamment des galeries de roulage destinées à mener les remblais aux puits d'extraction, on a dû avoir recours aux ventilateurs soufflants et aspirants ; mais ces travaux avaient peu d'importance comparés aux étages en exploitation.

De l'épuisement. La mine de Commentry fournit 12.000 à 15.000 hectolitres d'eau par jour, suivant les saisons. Une partie seulement provient des pluies et des cours d'eau de la surface ; le reste, et c'est probablement la majeure partie, provient des arrosages continuels que l'on est obligé de faire subir aux terres en feu qui remplissent les tranchées et aux masses de charbon incandescentes enfouies sous ces terres ou appartenant aux étages éboulés et en feu par suite de la mauvaise exploitation des anciens. La même eau est donc élevée et envoyée sur le feu un très-grand nombre de fois, jusqu'à ce qu'elle soit réduite en vapeur ou absorbée par les matériaux brûlants des tranchées. Ces arrosages ne cesseront que lorsque les feux souterrains seront entièrement extirpés par des travaux à ciel ouvert, et que sur toute la longueur des tranchées les terres incandescentes porteront sur le mur de la couche, mis à nu sur une assez grande largeur entre ces terres et les massifs de charbon non exploités. Malheureusement cette époque est encore fort éloignée. Cette masse d'eau s'épuise en ce moment à l'aide de deux machines d'extraction menant des tonnes.

Ce mode d'épuisement est provisoire ; avant peu on établira une machine d'épuisement sur le pendage de la couche ; les pompes seront descendues à un niveau inférieur, au niveau le plus bas en exploitation, de manière à se créer un long avenir.

Les deux étages actuellement exploités par la nouvelle méthode étant ouverts à 76 et 86 mètres, en descendant les pompes à 150 mètres, on aurait au-dessus de ce point 7 à 8 niveaux et au-dessus de chaque niveau un plafond de 8 mètres d'épaisseur environ; soit 34 tranches de 2m,30 d'épaisseur. Chacune d'elle exigera, pour son achèvement complet, à peu près cinq ans, à raison de 500 bennes par jour; pour une extraction de 2.000 bennes par jour, il faudra attaquer 4 tranches à la fois. Les 34 tranches dureront donc quarante-deux ans; mais ce chiffre est évidemment trop petit, car l'exploitation souterraine devant toujours être accompagnée d'une exploitation à ciel ouvert par suite des découverts occasionnés par les remblais, on n'attaquera jamais 4 tranchss à la fois, mais bien 2 ou 3 tout au plus. Ainsi une machine d'épuisement, tirant dès à présent à 150 mètres, pourrait fonctionner plus de cinquante ans sans déplacement.

Il ne serait pas nécessaire qu'elle tirât de suite de 150 mètres; on descendrait les colonnes de pompe de loin en loin et au fur et à mesure des besoins de l'exploitation.

Un épuisement de 15.000 hectolitres d'eau à 150 mètres de profondeur, en supposant que le moteur travaille vingt heures par jour, exige une force de 42 chevaux-vapeur environ, effet utile, si l'on admet que la machine d'épuisement adoptée utilise les 0,65 de la force nominale; sa puissance, effet dynamique, devra être de 65 chevaux.

La quantité d'eau à élever dans l'avenir dépendra principalement des progrès des feux souterrains et des mouvements du terrain houiller à la suite des dépilages; cette quantité, d'ici à plusieurs années, tendra plutôt à augmenter qu'à diminuer. Par prudence, on peut l'augmenter de moitié, et l'on arrive à une force de 100 chevaux environ : nous pensons que ce chiffre suffirait pendant longtemps pour assécher les travaux souterrains de Commentry.

Revenons à l'épuisement par tonnes; il s'exécute, comme nous venons de le dire, par deux machines d'extraction, l'une de 45 chevaux, l'autre de 14 chevaux.

La première tire de 100 mètres, elle conduit des tonnes de 15 hectolitres : en marchant à grande vitesse, elle peut faire quarante-deux voyages à l'heure; mais pour éviter les accidents et conserver le matériel, il ne convient pas d'en faire plus de trente-cinq. Chaque voyage exige alors 1' 43". Il faut environ 15" pour vider la tonne pleine, en sorte qu'il reste pour l'ascension 1' 28". Or 15 hectolitres élevés de 100 mètres en 1' 28" constituent un effet utile de 23 chevaux environ; et en adoptant 0,55 pour le coefficient de réduction du travail moteur développé par ces machines d'extraction, on obtient un effet dynamique de 42 chevaux; on est donc bien près de la force nominale: cette machine travaillant vingt heures par jour peut élever 10.500 hectolitres d'eau. Pour produire cet effet dans vingt heures de travail, il faudrait une machine d'épuisement de 30 chevaux.

La deuxième machine d'extraction tire à 90 mètres et conduit des tonnes de 10 hectolitres. Il ne convient pas qu'elle fasse plus de vingt-trois voyages; ce qui donne dans vingt heures 4.600 hectolitres. Pour produire cet effet dans le même temps, il faudrait une machine d'épuisement de 11 chevaux; ainsi les 59 chevaux d'extraction se réduiraient à 41 chevaux d'épuisement.

En outre, le personnel des receveurs de tonnes, machinistes et chauffeurs est beaucoup plus nombreux que celui nécessaire à une machine d'épuisement; l'usure des tonnes et des câbles est considérable. Les pertes d'eau pendant l'ascension sont fréquentes, elles proviennent le plus souvent de la présence d'un corps étranger interposé entre le fond des tonnes et les bords des soupapes; ces machines d'extraction consomment beaucoup plus de charbon qu'une machine d'épuisement à détente et à condensation.

Une foule de considérations doivent donc faire repousser ce mode d'épuisement quand il s'agit d'élever des masses d'eau aussi considérables.

Cependant, comme il peut convenir dans le cas où il n'y aurait que peu d'eau à tirer, nous allons exposer brièvement ce qui a été fait à Commentry pour l'améliorer autant que possible.

Les tonnes menées par la machine de 45 chevaux contiennent 15 hectolitres; voici leurs dimensions prises en dedans (Pl. III, *fig.* 6 et 7) : Des tonnes à eau.

	mètres.
Hauteur	2,11
Diamètre à chaque base.	0,85
Diamètre au ventre.	1,05
L'épaisseur des douves est de. .	0,035

Elles sont cerclées en fer plat de $0^m,08$ de large et 0,006 d'épaisseur posé à chaud. Ces cercles sont fixées sur bois par des boulons à tête fraisée dont les écrous sont en dedans de la tonne. La base supérieure porte intérieurement un cercle plus épais; il en est de même du ventre. Comme le pied des douves est maintenu par le fond, on voit qu'elles ne peuvent rentrer par suite d'un choc latéral; elles doivent rompre plutôt entre le fond et le cercle du ventre, ou entre celui-ci et le cercle de la base supérieure. Le fond de la tonne se compose d'un premier lit en plateaux de chêne de $0^m,06$ d'épaisseur, engagés dans une rainure ouverte dans les douves, d'un deuxième lit en planches affleurant le pied de celle-ci, et d'un troisième lit en planches recouvrant le tout, même le pied des douves, afin de les préserver de toute usure. Pour achever de les garantir, on cloue jointifs au pied de ces douves, et extérieurement deux cercles plus épais que les autres; quatre fortes oreilles sont fixées à la partie supérieure et saisies par deux chaînes dont les anneaux viennent passer dans le crochet de la chaîne-câble. Le câble plat est toujours terminé par une grosse chaîne assez longue pour qu'il ne trempe pas dans le puisard. Sous le fond de la benne sont boulonnées deux fortes traverses en fer plat; elles sont recouvertes par deux bandes de fer feuillard épais clouées sur les douves. Ces bandes de fer portent à peu près à elles seules le poids de l'eau contenue dans la benne.

Celle-ci se vide au moyen d'une soupape de $0^{m},50$ de diamètre, pratiquée dans le fond. Cette soupape peut être faite d'un bloc de bois dur, cerclé en fer. Elle est traversée par une forte tige guidée en haut et en bas par deux traverses boulonnées avec les douves. Le fond de la benne est raboté intérieurement aux approches de la soupape; cette dernière est garnie de crin recouvert de cuir fort, bien cloué, et formant un bourrelet élastique dont l'application sur le fond de la benne, sous l'influence du poids de l'eau, s'oppose aux fuites.

Quand cette garniture de soupape est bien faite, elle dure assez longtemps.

On peut aussi faire usage de soupapes en fonte (Pl. III, *fig.* 8) présentant un bourrelet étroit à leur partie inférieure; ce bourrelet vient s'appliquer sur un cuir épais, annulaire, cloué sur le fond de la benne. Ces dernières sont indestructibles, tandis que les soupapes en bois, bien que faites en bois dur choisi et d'assez grande épaisseur, finissent toujours par se fendre et se briser à la longue.

Les détails qui précèdent paraissent superflus au premier abord, et cependant il est plus difficile qu'on ne saurait le croire de confectionner des tonnes d'aussi grandes dimensions et de manière :

1° Qu'elles durent longtemps ;

2° Qu'elles gardent toute leur eau pendant l'ascension ;

3° Qu'elles se vident très-rapidement.

Le mode de ferrage indiqué plus haut est une garantie de durée ; les soupapes en bois à bourrelets de cuir et crin et les soupapes en fonte gardent bien l'eau, quand les garnitures sont faites avec soin ; enfin ces soupapes ayant un grand diamètre, la benne est à peine posée qu'elle est vide ; le machiniste n'a que le temps de retourner la machine pour élever une autre benne.

Diminuer le temps de la vidange est une chose très-importante en pareil cas, puisque l'effet utile de la machine augmente d'autant.

Ces wagons (Pl. III, *fig.* 9 et 10) se composent d'un châssis renforcé par une croix de Saint-André et recouvert de forts plateaux formant côtés ; il en résulte une espèce de caisse à trois faces ; le côté vide sert de passage à l'eau. Sur le fond on boulonne deux plateaux posés de champ et servant d'appui à un certain nombre de barres de fer rond de $0^m,05$ à $0^m,06$ de diamètre, engagées dans les côtés du wagon. Ces barreaux sont établis à une certaine hauteur au-dessus du fond. L'ensemble repose (Pl. III, *fig.* 11 et 12), par des coussinets en fonte, sur de très-forts essieux mobiles, et clavetés à des roues en fonte courant sur un chemin de fer établi à la bouche du puits d'épuisement. A droite et à gauche de ce puits se trouvent deux recettes pour recevoir les eaux. Ces recettes et leurs parois verticales Wagons à eau.

sont en bois de chêne, les conduites d'eau peuvent être en briques, ou les radiers et les parois en briques et le dessus en planches. On leur donne, tout aussi bien qu'aux recettes, une assez forte pente, afin que l'eau y séjourne le moins longtemps possible. Le jeu de l'appareil est facile à saisir; quand la tonne vient se poser sur les barreaux du wagon, le guide de la soupape porte sur le fond, cette soupape se lève et la tonne se vide immédiatement. On la relève et on repousse le wagon qui achève de se vider en regagnant sa place à côté du puits. Ce mouvement est très-rapide quand le personnel est habitué. Il va sans dire qu'il faut un wagon pour chaque tonne.

Reservoir.

A 3 ou 4 mètres au-dessus du fond du puits, il faut ouvrir dans le charbon ou le rocher un réservoir (Pl. III, *fig.* 13 et 14) assez vaste pour contenir toute l'eau affluente pendant un jour ou deux; cette précaution est surtout indispensable quand le puits d'épuisement doit assécher des travaux d'exploitation situés à un niveau supérieur. En effet, le matériel peut avoir besoin de réparations, et l'eau s'élèverait beaucoup trop vite dans le puits.

L'entrée de ce réservoir est assez petite, afin que les tonnes ne puissent pas s'y loger: $1^m,50$ de large sur autant de hauteur. On pousse une galerie de quelques mètres, sur ces dimensions, dans le sens perpendiculaire au plan des câbles; puis on élargit. Si l'on se trouve dans le charbon, on exécute une série de galeries ordinaires ayant 3 mètres de long sur $2^m,30$ de hauteur: si c'est dans le rocher et qu'il soit dur, on ouvre une large galerie de 4 à 5 mètres sur 2 mètres de hauteur.

L'entrée du réservoir est fermée par un châssis à barreaux de fer surmonté de madriers encastrés dans les parois de la petite galerie. Cette espèce de porte ne permet pas aux tonnes de pénétrer dans le bassin, et à travers la grille il ne passe que des boues ou des morceaux de charbon peu volumineux. Le bassin peut donc fonctionner pendant très-longtemps sans nettoyage; or celui-ci ne pourrait se faire sans arrêter l'épuisement. C'est surtout dans ces puits d'épuisement que les câbles plats en aloès rendent de très-grands services; quelque soin que l'on apporte à la confection des tonnes à eau, il est impossible d'empêcher absolument toute fuite à travers ces larges soupapes; le puits est donc toujours très-humide, et des câbles en chanvre feraient certainement un moins bon usage.

Détails économiques

« Je n'ai pas l'intention de multiplier le prix de re-
» vient des ouvrages, de manière que l'on puisse en
» déduire celui de la houille. Cette recherche n'aurait
» pas un caractère d'utilité générale; et mon but, en
» publiant ce mémoire, est seulement de propager des
» méthodes et des appareils que je crois avantageux.
» Parmi les éléments du prix de revient de la houille, il
» y en a qui tiennent au gîte lui-même et que l'on ne
» peut faire baisser sans diminuer les salaires. Il en est
» d'autres qui dépendent surtout des méthodes et des
» appareils en usage; je ne m'occuperai que de ces der-
» niers. Ils appellent toute la sollicitude des ingénieurs;
» car leur réduction sur une grande échelle permet sou-
» vent d'accroître les bénéfices de l'entreprise, tout en
» augmentant le bien-être des classes ouvrières. »

De l'abattage.

« Dans l'ancien système d'exploitation les galeries de
» 3 mètres de large et $2^{m},30$ de hauteur s'exécutaient
» au moyen de trois coupes, deux latérales et la troi-
» sième au sol. Dans le nouveau système et pendant l'en-
» lèvement de la première tranche, ces mêmes galeries
» ne présentent plus qu'une coupe latérale et une au

» sol ; aussi sont-elles payées un tiers de moins environ. » Pendant l'enlèvement des autres tranches, elles ne » présenteront plus qu'une coupe latérale ; il est donc » probable qu'elles seront encore payées un tiers de » moins. Le nouveau système d'exploitation par rem- » blais et dépilage diminue donc d'un tiers à peu près, » dès à présent, le prix de l'abattage ; et dès que l'on » montera dans chaque niveau sur les premiers rem- » blais, ce prix diminuera des deux tiers. Sans établir » de chiffres, on sent quelle est l'importance de ce ré- » sultat dans une grande exploitation comme celle de » Commentry. »

De la manutention de la houille.

« Nous allons rechercher le prix de la manutention de » la benne de 3 hectolitres 1/3, chargée aux tailles et » basculée sur le crible, le roulage souterrain ayant lieu » à 1.000 mètres de distance.

» Nous supposons que la machine tire 500 bennes par » poste de dix heures.

» Pour exécuter ce travail, il faut à Commentry le » personnel suivant :

» 1° Quatre receveurs de bennes à la bouche du puits ;

» 2° Un dégrilleur pour nettoyer les barreaux du crible » et pousser le charbon mouillé quand il ne glisse pas » assez vite ;

» 3° Trois accrocheurs de bennes au fond du puits ;

» 4° Trois approcheurs de bennes à l'accrochage ; ils » décrochent les bennes amenées par les chevaux, les » poussent vers le puits, ramènent et accrochent en- » semble sur la voie de retour les bennes vides reçues » par les accrocheurs ;

» 5° Quatre chevaux ; le transport souterrain étant, » je suppose, de 1.000 mètres, l'allée et le retour seront » de 2.000 mètres. La journée du cheval étant de » 20.000 mètres, il fera dix voyages par poste. Comme

» les convois de charbon sont de 12 bennes, il en con- » duira 120 par poste; par suite, quatre chevaux en » mèneront 480, chiffre voisin de 500;

» 6° Quatre suivants de convois; ce sont des jeunes » gens qui accompagnent les convois et aident les con- » ducteurs de chevaux à remettre les bennes sur les voies » de fer quand elles déraillent;

» 7° Trois sauteurs de bennes : ce sont des jeunes » gens placés à l'entrée des traverses pour faire passer » les bennes vides amenées par les chevaux de la galerie » du mur dans les traverses et réciproquement les ben- » nes pleines amenées par les rouleurs des traverses » dans la galerie du mur. Ils sont aidés par les rouleurs » de bennes en traverses;

» 8° Dix rouleurs de bennes : jeunes gens qui vont » chercher les bennes vides et les ramènent chargées » sur la voie de roulage;

» 9° Trois approcheurs de charbon : les bennes vien- » nent jusqu'aux tailles; néanmoins, il faut souvent » pousser le charbon assez près des chargeurs de ben- » nes, afin de leur éviter des pertes de temps;

» 10° Dix chargeurs de bennes;

» 11° Un cantonnier pour l'entretien des voies de » fer;

» 12° Deux surveillants : l'un d'eux se tient dans les » travaux souterrains, l'autre à la bouche du puits. Ils » sont chargés de la surveillance du personnel et du » matériel dont il a besoin.

» Ce personnel se compose donc de quarante-quatre » individus et de quatre chevaux.

» La population souterraine à Commentry n'est pas » en général composée d'hommes robustes; il est pro- » bable que le chiffre 44 diminuerait dans un bassin » houiller exploité depuis longues années, et où la

» profession de mineur-charbonnier serait un état spé» cial. La consommation d'huile par poste, pour l'é» clairage et le graissage de 85 bennes en activité, est » d'environ 16 livres. La dépense d'outils, tels que » pelles et marteaux, est d'environ 2 francs par » poste.

» Ces données suffisent pour calculer le prix de la » manutention de la houille approximativement.

» En effet, l'on a :

	fr.
» 1° 44 journées à 1f,35 en moyenne.	59,40
» 2° 4 journées de chevaux à 5 fr. (y compris les guides).	20,00
» 3° Huile pour lampes et bennes; 16 livres d'huile de noix à 0f,60.	9,60
» 4° Dépense d'outils.	2,00
Ensemble.	91,00
» Soit donc par benne.	0.182
» Et par hectolitre.	0,055

De la manutention des oemblais.

» Nous allons rechercher de même le prix de la ma» nutention de la benne de remblais, chargée dans les » travaux à ciel ouvert et mise en place dans les travaux » souterrains.

» Nous supposerons que le roulage dans la galerie » supérieure menant de la tranchée au puits d'extrac» tion ait lieu à 100 mètres, et le roulage souterrain à » 1.000 mètres. Nous avons vu précédemment qu'une » extraction de 500 bennes de charbon exigeait la mise » en plan de 333 bennes de remblais; portons ce chiffre » à 350, et voyons quel est le personnel nécessaire à la » mise en place.

» Il faut ici :

» 1° Huit chargeurs de bennes en tranchées;

» 2° Trois accrocheurs de bennes à l'accrochage su» périeur;

» 3° Six rouleurs de bennes pour les mener au puits;

» 4° Un gamin à la bouche du puits pour communi-
» quer au machiniste les ordres des accrocheurs ;

» 5° Trois accrocheurs au fond du puits ;

» 6° Un enrayeur de bennes près de l'accrochage in-
» férieur ; il reçoit les bennes de pierres des mains des
» accrocheurs, les pousse sur l'une des voies de fer et
» les accroche, décroche les bennes vides amenées par
» les chevaux et les pousse vers le puits ;

» 7° Six chevaux : le transport souterrain ayant lieu à
» 1.000 mètres, l'allée et le retour seront de 2.000 mè-
» tres. La journée du cheval étant supposée de 20.000 mè-
» tres, il fera dix voyages ; à raison de 6 bennes de
» pierres par voyage, il mènera dans son poste 60 ben-
» nes. Il faudra donc six chevaux environ pour conduire
» les 350 bennes :

» 8° Six suivants de convois ;

» 9° Trois sauteurs de bennes à l'entrée des traverses ;

» 10° Dix rouleurs de bennes en traverses ;

» 11° Six poseurs de terrain ;

» 12° Douze servants de poseurs ;

» 13° Un cantonnier ;

» 14° Deux surveillants.

» Ensemble, soixante-deux hommes ou jeunes gens
» et six chevaux.

» Ce travail permet moins que le transport du char-
» bon d'employer des jeunes gens ; les remblais étant
» plus lourds et plus difficiles à remuer, il convient de
» prendre des hommes faits.

» La consommation d'huile par poste pour l'éclairage
» et le graissage de 45 bennes en activité, est d'environ
» 18 livres.

» La dépense d'outils est d'environ 2f,50 par
poste.

» La dépense par poste est ici :

	fr.
» 1° 62 journées de manœuvres à 1f,45 (en moyenne.) .	89,90
» 2° 6 journées de chevaux à 5 fr. (y compris le guide .	30,00
» 3° Huile pour lampes et bennes; 18 livres d'huile à 0f,60 l'une.	10,80
» 4° Dépense d'outils.	2,50
Total.	133,20
» Soit donc par benne.	0,380

» 1 mètre cube massif donnant 1 1/2 mètre » cube foisonné, et 4 1/2 bennes de remblais, il » s'ensuit qu'un mètre cube foisonné coûte, pour » frais de manutention. 1,14

» Chaque mètre cube foisonné correspondant » à 14 hectolitres, il s'ensuit que la manutention » des remblais grève chaque hectolitre de houille » de. 0,081

» L'extraction de la pierre coûte à Commen- » try, dans les schistes et grès houillers alter- » nants, de dureté moyenne, 0f,60 le mètre cube » massif, par suite l'extraction grève chaque » hectolitre de houille de. 0,028

» Ces deux sommes réunies donnent. 0,109

» Si la couche de houille exploitée était recouverte » par une grande épaisseur de terrains stériles, on » aurait, pour atténuer ce chiffre, l'économie produite » par le nouveau mode d'abattage en dépilage, et celle » résultant de la plus grande durée des puits d'extrac- » tion; ce ne serait qu'après un temps très-long, que » l'on parviendrait à exploiter à bon marché les massifs » de houille découverts par les chantiers à remblais.

» A Commentry, la grande couche a peu d'inclinai- » son, et elle affleure sur une grande étendue. Les tra- » vaux souterrains seront donc pendant longtemps ac- » compagnés d'un travail à ciel ouvert, à bon compte, » et sur une assez grande échelle. Cette considération

» milite puissamment en faveur du nouveau système » d'exploitation.

De l'usure des bennes à roulettes.

» Les puits d'extraction exécutés comme nous l'avons » indiqué plus haut, et ayant 3 mètres de diamètre au » moins, suffisent, sans cloison séparative, pour le pas- » sage des convois de charbon et de pierres de 3 à » 4 bennes et plus. Pourvu que les machinistes enlèvent » doucement les convois de charbon et de pierres, les » convois vides ont le temps de s'aligner suivant la » verticale, et le croisement se fait au milieu des puits » sans arrêt ni choc.

» Mais cette précaution n'est pas toujours prise; il » en résulte que les convois chargés et vides oscillent » l'un en montant, l'autre en descendant; parfois ils se » choquent au passage et même peuvent s'accrocher » ensemble par les crochets des fléaux ou les petits cro- » chets des bennes. Dans le deuxième cas, il faut tout » élever à la surface et recevoir le matériel et le char- » bon à la bouche du puits ou sur les waggons plats » receveurs; opération toujours dangereuse et qui né- » cessite un surcroît de puissance de la part de la ma- » chine. Dans les deux cas, le matériel est en souffrance.

» Pendant la descente des remblais, au moment où » l'on enlève le convoi chargé, il tombe parfois des » pierres qui peuvent défoncer les bennes vides montantes.

» Pour éviter tous ces accidents, et conserver le ma- » tériel de bennes, rien de mieux que les cloisons sépa- » ratrices; elles sont en outre une garantie pour les » ouvriers du fond; car au moment où ils envoient les » convois chargés de charbon ou les convois vides pen- » dant les postes de remblais, comme ils se trouvent » dans le compartiment de départ, ils sont à l'abri des » pierres ou même des bennes qui peuvent tomber » dans le compartiment d'arrivée.

» Nous avons vu tout à l'heure qu'une extraction de
» 500 bennes de charbon par poste, et un roulage sou-
» terrain de 1.000 mètres, exigent 85 bennes à rou-
» lettes; une extraction de 2.000 bennes en exigerait
» donc 340. De plus, le chiffre de 1.000 mètres n'est
» pas un maximum. Aussi, dans une grande exploita-
» tion, devra-t-on chercher à atténuer le plus possible
» l'usure de ces bennes : elle peut affecter sensiblement
» le prix de revient de la houille. »

De l'usure des câbles. Supposons qu'il s'agisse d'un puits de 100 mètres de profondeur, il faudra pour le desservir des câbles ronds ou plats de 200 mètres de longueur environ.

Supposons d'abord qu'on fasse usage de câbles plats en aloès de $0^{m},14$ sur $0^{m},035$, ayant pour section 49 centimètres quarrés.

Ils coûtent en fabrique $1^{f},55$ le kilogramme et le mètre courant pèse $5^{k},1$.

Les deux câbles en aloès coûteront donc 3.162 fr.

En les faisant travailler vingt heures par jour dans un puits à peu près sec, et les graissant de temps en temps avec de l'huile de palme, ils dureront deux ans; la dépense par année sera donc 1.581 fr.

D'un autre côté, prenons deux cordes rondes, en chanvre, goudronnées, de $0^{m},08$ de diamètre; leur section sera de 50 centimètres quarrés.

Ils coûtent, dans la même fabrique, $1^{f},45$ le kilogramme, et le mètre courant pèse $4^{k},80$.

Ces deux cordes en chanvre coûteront. . . 2.784 fr.

En les faisant travailler comme les premières, et dans les mêmes conditions, elles ne durent que dix mois ; ce qui donne par année une dépense de. . . . . 3.340 fr.

La différence en faveur des cordes plates en aloès est donc par année de. . . . . 1.759 fr.

Dans les puits humides, cette différence est encore plus grande.

On voit par un seul exemple, combien la forme des cordages a d'influence sur les services que l'on peut en attendre : il convient d'ajouter à cette cause la qualité des matières premières, et surtout l'état des puits qu'il faut assécher le plus possible.

Des machines d'extraction et d'épuisement.

Leur consommation se compose principalement d'huiles de diverses espèces, de graisse, d'étoupes et de charbon. Bien qu'on ne leur donne à brûler, en général, que des houilles de qualités inférieures, il convient de choisir, quand on le peut, des machines plus économiques que celles sans détente ni condensation ; par exemple, celles à condensation sans détente.

On sait que les premières consomment 8 kilogrammes et les secondes 5 kilogrammes environ de houille, par force de cheval et par heure. Un travail de vingt heures, au point de vue de la consommation de combustible, peut se réduire à 15 ; en effet, pendant les postes de remblais, on ne consomme de vapeur que pour enlever les convois de pierres et donner les bennes au fond du puits. La descente se fait à peu près sur frein et sans vapeur.

En admettant que l'effort de la machine soit de 20 chevaux, l'économie en charbon, produite par le deuxième système est de 900 kilog. ou 11 1/4 hect. en 24 heures; et par année de 300 jours 3.375 hect.

D'un autre côté, il ne faut pas perdre de vue que ces machines d'extraction doivent, avant tout, fonctionner très-régulièrement et sans arrêt ; et que leurs réparations, quand il y en a, doivent être promptement faites.

Ce que nous disons de l'extraction s'applique à l'épuisement : ici le choix des pompes et de la machine est d'une haute importance. Des chômages fréquents nécessitent ensuite un plus grand développement de force motrice; des chômages prolongés peuvent noyer les travaux inférieurs en exploitation.

Du personnel d'ouvriers et employés de fond.

Il importe que dans chaque niveau exploité, les ouvriers soient intéressés à faire bien et vite : ainsi, les piqueurs peuvent être payés au mètre courant de galerie ou à la benne de charbon; les mineurs au rocher, au mètre cube; les monteurs de charbon, à la benne ou au wagon du chemin de fer extérieur; les remblayeurs et extracteurs de pierres, à la benne de remblais mise en place.

Les piqueurs travaillent par deux, quatre ou six hommes associés. Les monteurs de charbon, extracteurs de pierres et remblayeurs travaillent à la journée sous les ordres de plusieurs entrepreneurs associés.

Dès lors le personnel d'employés peut être restreint; la surveillance porte principalement sur la direction et le métré des galeries au charbon ou au rocher; sur les boisages et le remplissage complet des ateliers à remblayer; sur le personnel de piqueurs nécessaire pour produire le nombre de bennes de charbon demandé; l'établissement des voies ferrées; les câbles et chaînes de suspension.

Autres éléments du prix de revient

A ces éléments principaux du prix de revient de la houille, il faut en ajouter beaucoup d'autres; plusieurs peuvent être atténués par une bonne administration.

Mais le moyen le plus sûr de réduire le prix de revient, c'est de faire produire à chaque puits le plus possible : dès lors, il en faut moins pour obtenir la même quantité de charbon, et presque toutes les dépenses suivent une progression descendante.

Résumé.

Les méthodes et appareils que nous venons de décrire sont applicables à toutes les couches de houille puissantes, quelle que soit leur profondeur au-dessous de la surface. Dans les mines profondes exploitées par remblais complets et dépilages, on ouvre ordinairement dans le toit de la couche et de distance en distance des galeries à travers bancs; puis à l'extrémité de ces galeries des chambres d'emprunt qui doivent fournir les matériaux nécessaires au remblayage des excavations pratiquées dans la houille. Ces chambres sont complaisantes, c'est à-dire que les matériaux se présentent toujours d'eux-mêmes à l'entrée des galeries à travers bancs, et alors ils sont le plus souvent de petit échantillon, ou bien il faut pénétrer dans leur intérieur pour provoquer de nouveaux éboulements. Dans le premier cas on consomme beaucoup de bois, en vue de lier et de consolider les remblais; dans le deuxième, les ouvriers chargés de l'approvisionnement en remblais sont toujours en danger. Dans les deux cas ces vastes chambres provoquent, dans le terrain houiller, des tassements considérables qui peuvent à la longue compromettre les constructions, chemins et cours d'eau de la surface.

Dans le système appliqué à Commentry, la masse de pierres que l'on peut se procurer par jour est à peu près arbitraire; on obtient des matériaux de tout échantillon, ce qui facilite singulièrement la construction des murs de soutenement dans les chantiers de dépilage et épargne beaucoup de bois. Dans un terrain houiller ordinaire exploité à ciel ouvert, il est rare que l'on ne puisse se procurer, avec quelques précautions dans l'abatage de la roche, un tiers de gros, et nous avons vu que cette proportion est suffisante. Les extracteurs ne sont exposés à aucun danger, si ce n'est ceux attachés au métier de carrier; la surface du sol n'est affectée que par les tassements provenant des dépilages, et ces tassements s'exécutent d'une manière insensible comparés à ceux qui peuvent être occasionnés par des chambres d'emprunt fournissant par année des masses énormes de pierres.

Le nombre de bennes de remblais à introduire par poste dans les travaux souterrains ne dépend que de la force des câbles et chaînes de suspension et de la puissance du moteur ; en effet, avec l'aide d'un frein très-énergique, on peut envoyer de l'accrochage supérieur et recevoir à l'accrochage inférieur des convois composés d'un nombre de bennes presque arbitraire. Par suite, en établissant des charpentes de molettes assez fortes et assez hautes, on peut élever par voyage un nombre proportionné de bennes de charbon.

Pour activer leur déchargement, on agrandirait les recettes et on multiplierait les bascules. Comme il serait difficile de se procurer des pièces plus longues et plus fortes que les maîtres montants de la charpente de molettes décrite précédemment, on pourrait établir à la bouche des puits d'extraction des murs de soutenement élevés et d'une épaisseur proportionnée et poser la charpente sur ces murs, ou bien augmenter la vitesse ascensionnelle des convois, ce qui aurait peu d'inconvénients en faisant usage de cloisons séparatrices.

On est donc maître en quelque sorte de développer à son gré la production.

PARIS. — IMPRIMÉ PAR E. THUNOT ET Cie, RUE RACINE, 26.

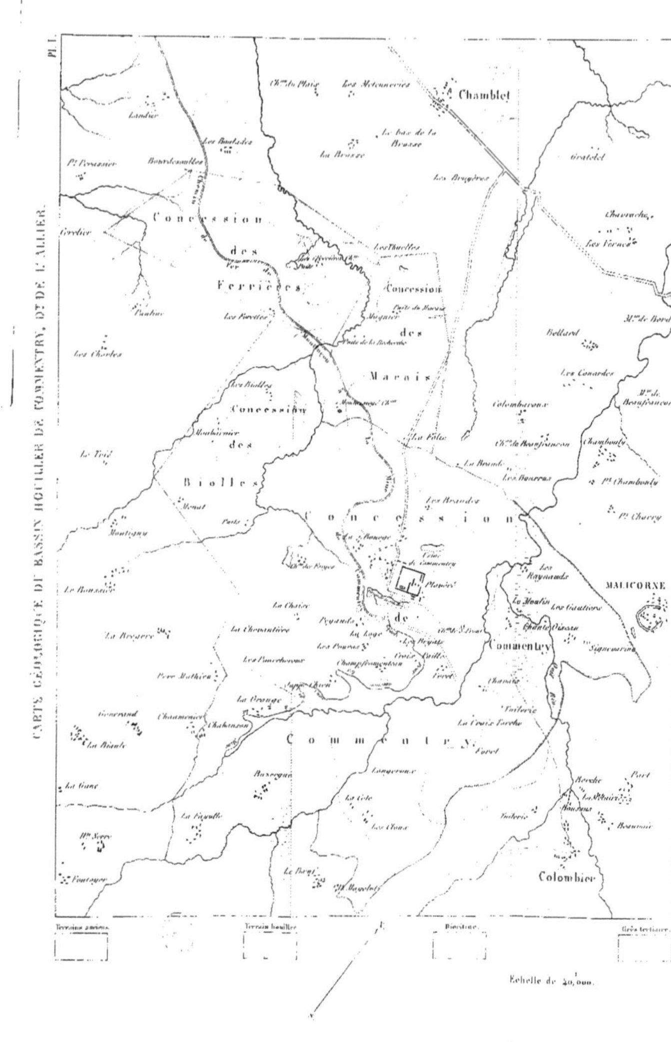
Pl. I.
CARTE GÉOLOGIQUE DU BASSIN HOUILLER DE COMMENTRY, D^T DE L'ALLIER.
Chamblet
Concession des Ferrières
Concession des Marais
Concession des Bielles
Concession de Commentry
Commentry
MALICORNE
Colombier
Terrains anciens.
Terrain houiller.
Grès tertiaire.
Échelle de 1/40,000.

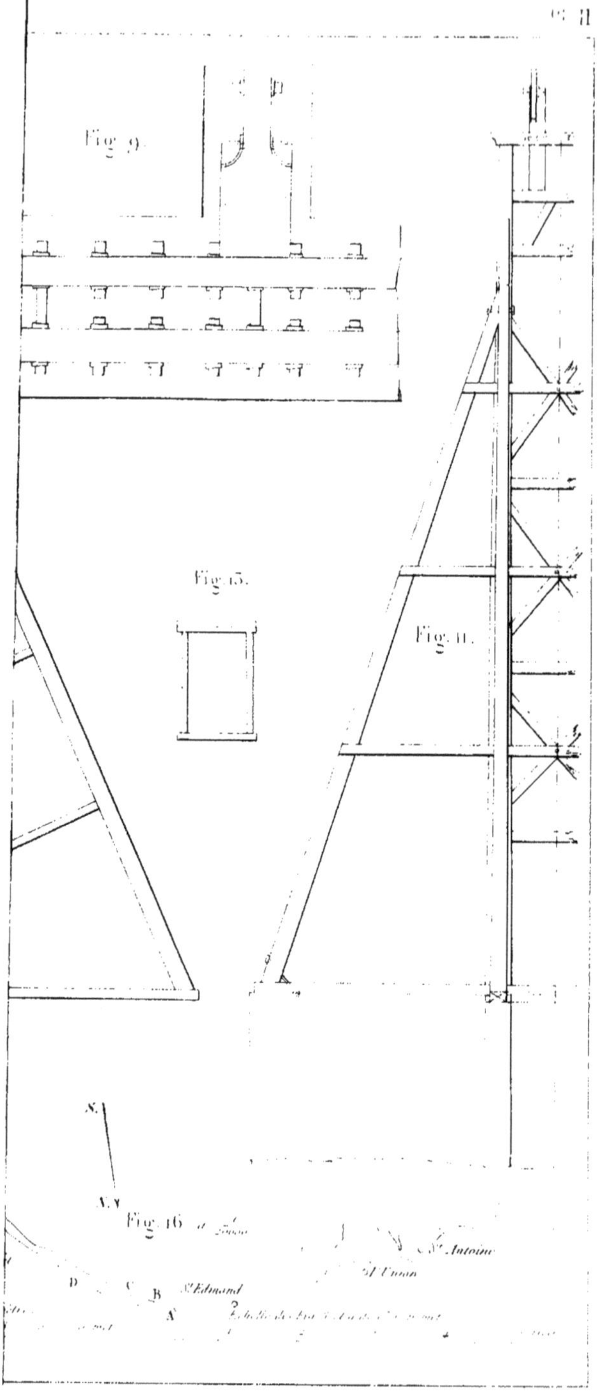

Pl. II

Fig. 9.

Fig. 15.

Fig. 11.

S.

N.

Fig. 16

St. Antoine

St. Ouen

D C B St. Edmund

A

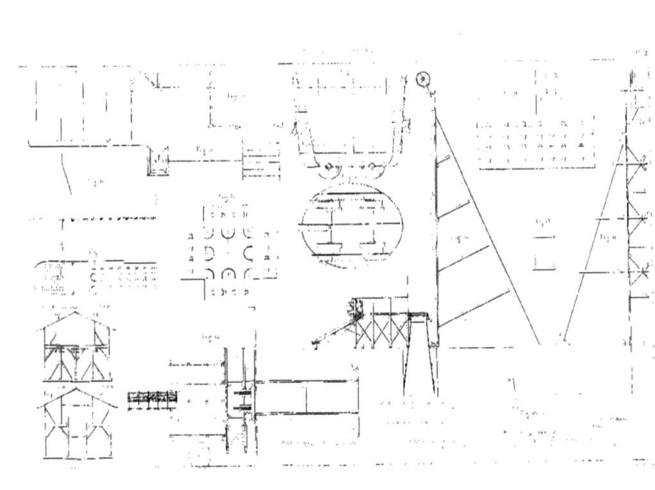

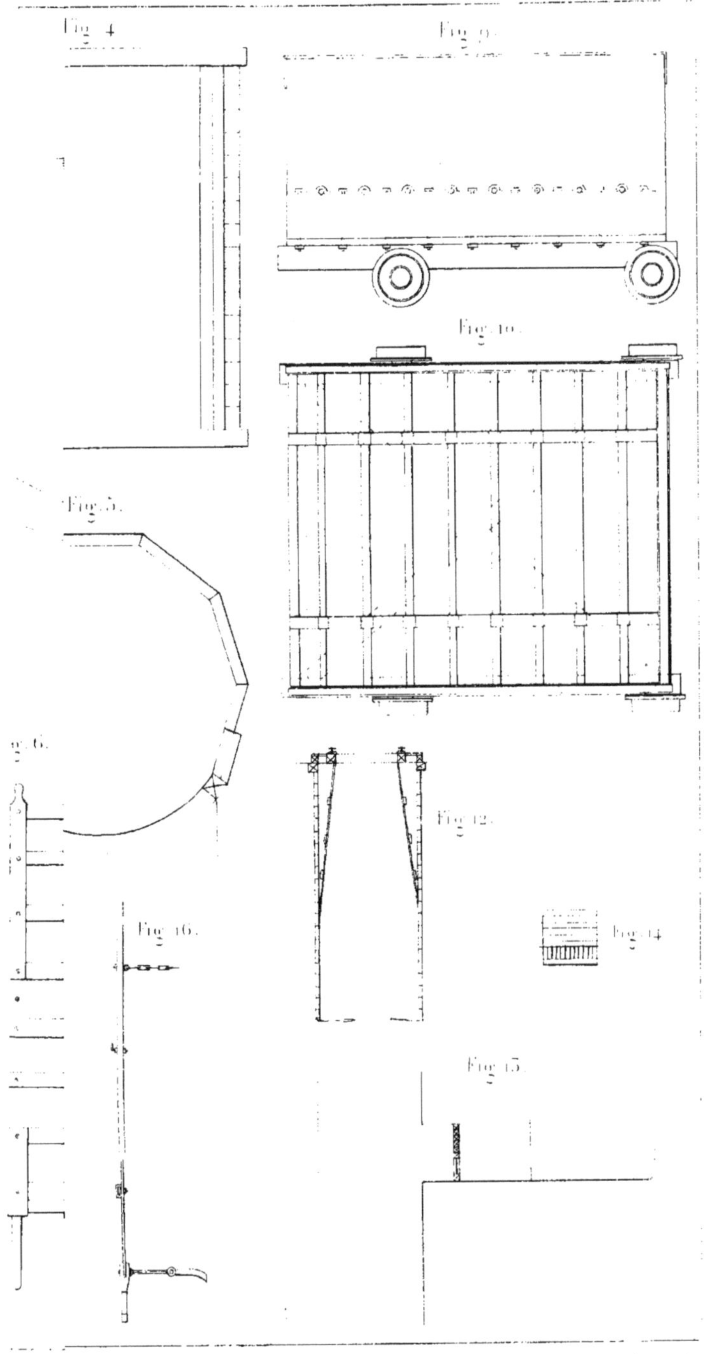
Fig. 4.
Fig. 9.
Fig. 10.
Fig. 5.
g. 6.
Fig. 12.
Fig. 16.
Fig. 14.
Fig. 15.

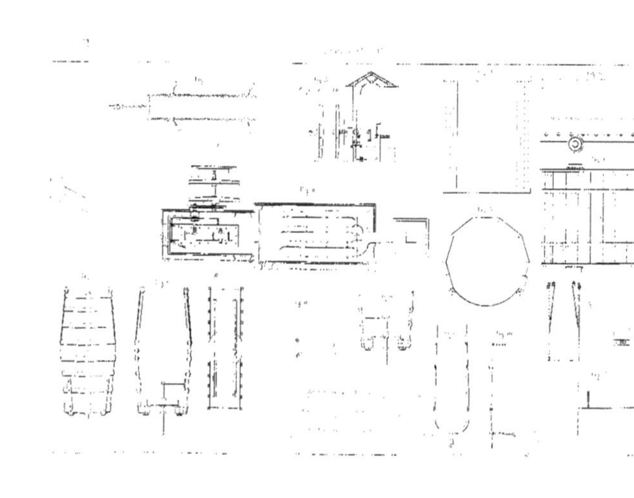

Pl. IV

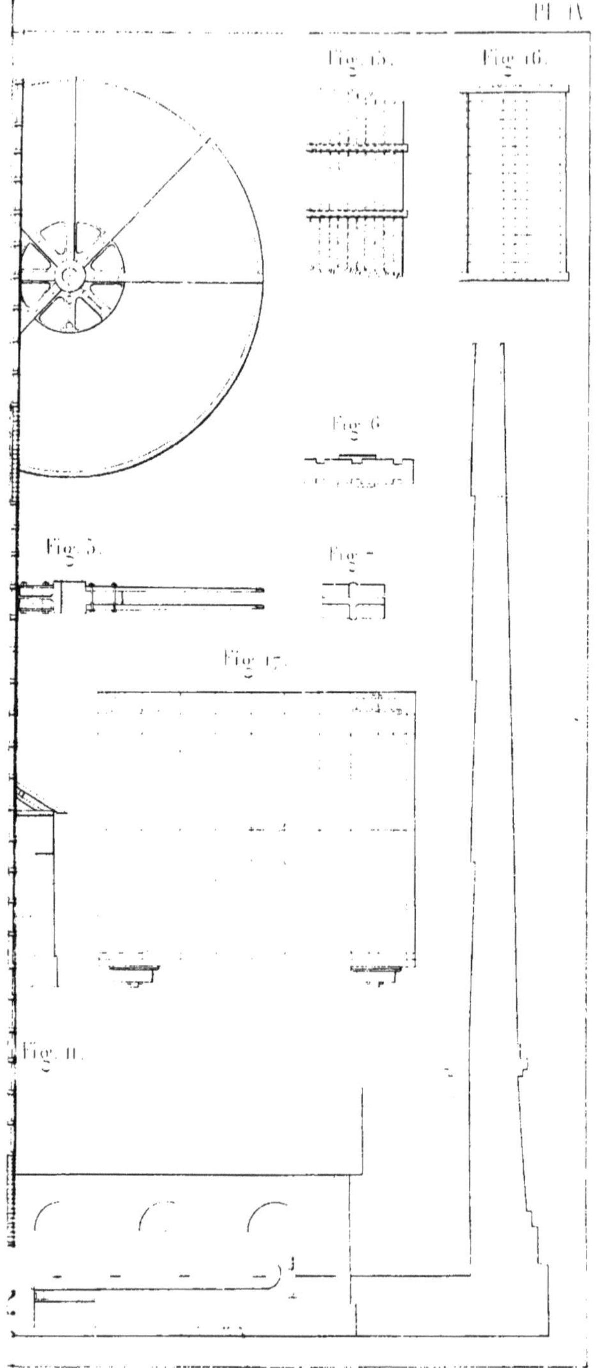

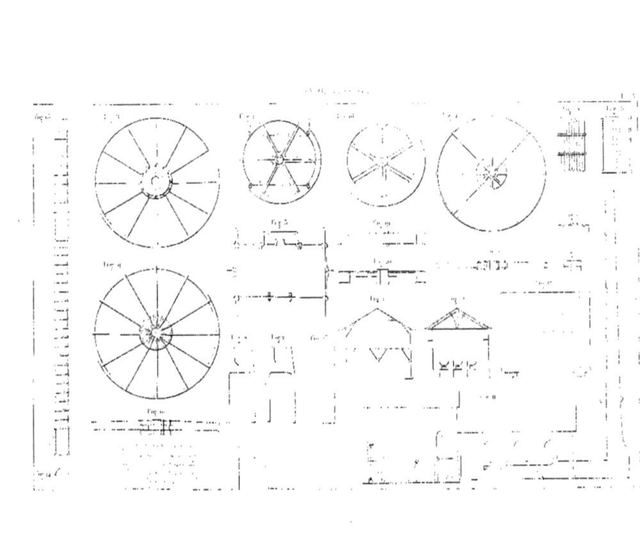

www.ingramcontent.com/pod-product-compliance
Ingram Content Group UK Ltd.
Pitfield, Milton Keynes, MK11 3LW, UK
UKHW020345180726
13839UKWH00002B/929